[第3版]

憲法のおもしろさ
憲法に欠けているもの余計なもの

Fun of the Constitution

山本　聡・渡辺 演久　著
YAMAMOTO Satoshi, WATANABE Nobuhisa

北樹出版

再改定にあたって

　前回改定（2013年3月）より6年が経過し、その間、日本国憲法を取り巻く社会環境が大きく変わりました。制定から72年目の2019年度に改正の発議が行われるのではととりざたされています。平成31年も4月末で現天皇が退位し、5月に皇太子が天皇に即位することになっています。新たな元号に代わり10日連休の浮かれ気分で気が抜けたすきを狙って憲法改正の発議が国会に提出されるといううわさがあります。自民党の改正憲法草案の内容を理解している人はそれほど多くはありません。「主権と独立を守るため、＜国民と協力して＞、領土、領海及び領空を保全し、その資源を確保しなければならない。」との条文は、「徴兵制」の可能性を裏に持っています。表現の自由を制限するために「公益及び公の秩序を害することを目的とした活動を行い、並びにそれを目的として結社をすることは、認められない。」という規定を入れようとしているようです。代わりに「公共の福祉」の制限を明記していた経済の自由について「何人も、居住、移転及び職業選択の自由を有する」として制限を消してしまっています。経済中心の社会を念頭に置いているのでしょう。最も問題なのは、憲法尊重擁護義務に「国民は、この憲法を尊重しなければならない」として本来公的機関に対する人権保護機能として憲法を反転させ、他の法律と同じように国民に守るべき法律として「憲法」を位置づけていることです。

　これはもはや憲法とは言い難い。公的権力を縛るものとしての「憲法」を、国民の権利を制限するものとして位置づけようという意図が見えます。私たちは、こうした動きをしっかりと見据え、最後の意思決定としての「国民投票」を有効に使用しなければなりません。そのためのちっぽけではありますが、対応できる憲法草案として「山本憲法改正草案」を提示しました。是非、読んで参考にしていただき、市民の憲法草案作成の機運が少しでも高まればいいと考えています。

　　　2019年2月吉日　　　　　　　　　　　　　　　　山　本　　聡

まえがき

　日本人は法律を紛争解決の道具に使うことを好まないと言われたり、欧米に比べると権利意識が低いなどと言われます。しかし、こと憲法に関しては、小学・中学・高校そして大学と、教育現場では必ず学習することになっています。また、日本国憲法は成立から一度も改正されることがなく、「法律の世界遺産」とでも呼べるほど、世界でも珍しい「憲法崇拝」の国民でもあります。

　では、なぜ日本人はこれほど憲法を重要視し、守ろうとするのでしょうか。憲法学者が解釈の上で条文に拘泥するのは何故でしょう。それは、生まれながら普遍かつ不可侵な人権も、世界中の人々や、所属社会の多くの人たちに尊重されなければ、絵に描いた餅だからです。暖かい部屋で食卓のご馳走を食べながら、テレビに映し出された飢えた難民に向かって「君たちにも生きる権利があるんだ」と涙を流し、民族紛争や自爆テロの報道に対して「平和的生存権があるはずだ」と叫ぶことが、どれほどの実効性を持つのか考えてみるといいでしょう。

　将来の社会の構成員に人権が大切なものとして認識されるためには、学校教育で必ず学習する必要があったのです。憲法第12条に「……自由及び権利は、国民の不断の努力によつて、これを保持しなければならない」と、また第97条に「……基本的人権は、人類の多年にわたる自由獲得の努力の成果であつて、これらの権利は、過去幾多の試練に堪へ、現在及び将来の国民に対し、侵すことのできない永久の権利として信託されたものである」と大げさに表現されているのも、さらに憲法第99条では、「天皇又は摂政及び国務大臣、国会議員、裁判官その他の公務員は、この憲法を尊重し擁護する義務を負ふ」と公権力に遵守義務を規定しているのも、すべて、人権を絵に描いた餅にしないためのものです。多くの人々に共有されない人権は、享受されることもないと、歴史から学んだのです。

　「過去を忘却した者は、それを再び繰り返すことが運命づけられている」と

いう言葉を聞いたことがあります。人類が同じ過ちを繰り返さないためにも、私たちは、憲法を楽しみながら学習することが必要なのです。

　ハブ・ア・ファン・オブ・ザ・コンスティテューション!!

　　　　　　　　神奈川工科大学　基礎・教養教育センター　　山　本　　　聡

目　次

第１章　憲法は素晴らしいが、何の役に立つのだろう？ ……………… 10

　　⬜１　誰のためのどんなルールか　(10)

　　⬜２　アメリカ合衆国憲法は人権規定がなかった　(13)

第２章　戦後の日本はヘソによってつくられた ……………………… 22
　　　　　──憲法成立の裏側

　　⬜１　マッカーサーは国民のアイドルだった　(22)

　　⬜２　憲法制定作業　(24)

第３章　天皇の給料（皇室費）は、お仕事にみあっているか …………… 34

　　⬜１　日本の象徴（シンボル）は天皇？　(34)

　　⬜２　天皇の「ご公務」と皇室費　(39)

　　⬜３　女性宮家　(42)

　　⬜４　日本国憲法で最も大切なものとは何？　(43)

第４章　ウルトラマンは地球を守るために戦う？ ……………………… 48

　　⬜１　ウルトラマンと怪獣や宇宙人の戦い　(48)

　　⬜２　平和と正義は両立するか？　(55)

　　⬜３　日本国憲法の最大の問題　(60)

第５章　自由が先か、平等が先か ………………………………………… 64

　　⬜１　卵が先か、ニワトリが先か？　(64)

　　⬜２　個人の尊重と人間の尊厳はどう違う　(69)

　　⬜３　平等原則と個人の自由　(72)

第６章　大岡政談にみる黙秘権と無罪の推定 …………………………… 82

目　次　　7

　　　1　直助・権兵衛事件――大岡政談　(82)

　　　2　黙秘権を行使すると損をする？　(85)

第7章　言論の自由は「言いたいことを言う権利」ではない ……………92

　　　1　思想・良心と言論の自由――内心という制限不可能な自由を盾にすれば
　　　　思想は守れるのか　(92)

　　　2　自由を与えた GHQ の言論統制　(97)

　　　3　言論の自由と図書館の役割　(100)

　　　4　憲法改正草案は国民を縛る!?　(105)

第8章　教育の主体は国家？　それとも国民？ ……………………………108
　　　　　――『23分間の奇跡』を素材に

　　　1　学校教育の機能と逆機能　(108)

　　　2　子どもの誕生、教育の誕生、教育課程の誕生　(111)

　　　3　現代の教育現場と事務処理に追われる教師達　(114)

第9章　幸福追求権の中身と自己決定 ……………………………………121

　　　1　新しい権利はどこまで認められるのか　(121)

　　　2　人が追い求める幸福とは何か――最大幸福社会と最小不幸社会　(125)

　　　3　自己決定は幸福のための手段か　(129)

第10章　参政権があるだけでは民主主義とはいえない ………………132
　　　　　――多数決の原理の不思議

　　　1　少数意見の尊重が多数決を生かす　(132)

　　　2　参政権の及ぶ範囲　(136)

　　　3　投票率と政治的無関心　(140)

第11章　統治機構（国会・内閣・裁判所）は人権を守る手段である ……145

　　　1　人の支配から法の支配へ　(145)

　　　2　国家と個人　(149)

8　目　次

第12章　国会と国会議員の実像 ……………………………………… 156

　　1　国権の最高機関の意味　(156)

　　2　国会の主な仕事──立法とその準備　(161)

　　3　国会と国会議員という職業　(171)

第13章　内閣と議院内閣制の不思議 …………………………… 180

　　1　行政はややこしい　(180)

　　2　「生活維持省」(星新一)は、行政機関として設置可能か　(183)

　　3　議院内閣制なのに三権分立の意味 (190)

第14章　司法権──不思議な司法の住民たち ……………… 193

　　1　裁判官と検察官と弁護士　どこが違うの？　(193)

　　2　司法の現実と判決の無責任　(203)

第15章　地方自治──『吉里吉里人』にみる地方と中央 …………………… 207

　　1　地方自治は民主主義の学校？　(207)

　　2　井上ひさし『吉里吉里人』と一寒村の地方分権への挑戦　(211)

　　3　自治には何が必要か　(217)

　あとがき　(220)

　憲法改正山本草案　(223)

憲法のおもしろさ
憲法に欠けているもの余計なもの

第 1 章 　憲法は素晴らしいが、何の役に立つのだろう？

① 誰のためのどんなルールか

　憲法は、小学校（5・6年生の公民）、中学校（3年生の公民）、高校（1年生の現代社会、3年生の政治経済）、そして大学（1・2年生の法学）と学校教育の中で必ず学習する科目のひとつです。日本のあらゆる法律の中で憲法ほど誰もが勉強している法律はないでしょう。それにもかかわらず、社会生活の中で憲法に助けられたという経験のある人はいないでしょう。まあ、中学生くらいになると公民で憲法を勉強した直後の休み時間などは、「人権侵害だ!!　憲法違反だ!!」とすぐ習ったことを使いたがりますが……。3日ともたないで飽きられてしまいます。ではなぜ憲法は他の法律に比べ私たちの生活に役立たないように感じるのでしょうか。

　それもそのはずです。憲法は、私人間（「しじんかん」と読み、市民生活の中の個人と個人のあいだのこと）のトラブルを処理するためにある法律ではないからです。こうした私人間のトラブルに適用される法律は、民法ですから、近隣関係や契約違反などは不法行為または債務不履行による損害賠償請求といった民事裁判によって解決されることになります。憲法は原則として、国家や公的機関 vs 私人（または他の公的機関）の問題以外では、でしゃばらないことになっているからです。

　では、憲法は誰のために、何を目的に制定されたのでしょうか。そのヒントは、日本国憲法の前文の冒頭にあります。

日本国憲法前文第1段：

　「**日本国民は**、正当に選挙された国会における代表者を通じて行動し、われらとわれらの子孫のために、諸国民との協和による成果と、わが国全土にわたつて自由のもたらす恵沢を確保し、政府の行為によつて再び戦争の惨禍が起ることのないやうにすることを決意し、ここに主権が国民に存することを宣言し、**この憲法を確定する。**」

　このように「日本国民は、……この憲法を確定する。」としていますので、憲法をつくったのは国民ということになります。ご存知のように実際につくったのは、マッカーサーをリーダーとする連合国総司令部の民政局のメンバーですが、その後政府での修正を経て、戦後初めての衆議院・参議院本会議で可決されたわけですから、まあタテマエは別として、実際には国民（の代表者）が議会で認めた日本の基本法（人権と国の政治制度）ということが言えます。だとすると、国民は誰に向かって憲法を確定したのでしょう。

　このことを考えるには、過去の歴史をさかのぼる必要があります。たとえば、第二次世界大戦中に国民の権利（基本的人権）を踏みにじった人たちは誰だったでしょうか。戦争のためだと言って国民を半ば強制的に兵隊にしました（終戦間際では、犬や猫まで駆り出されました。このことは、後の第4章で述べます）し、強制的に金物を集め軍艦や戦闘機などに鋳直したりしていました。また、戦争に反対する（中には社会運動や組合活動をする人まで）者を告げ口させるために、隣組といって、近所の人たちを互いに監視させたりしていました。女性には参政権がなかったし、子どもは親の所有物のように売り買いさえ行われていました。

　こうした過去の悲惨な歴史を教訓に、「**憲法は国民が国や公的機関に対して、これだけは守ってほしいこと（人権保障と国家の政治の仕組み・権限）を明記したもの**」として成立したのです。国民に保障された基本的人権を明確にし、三権を中心とした国の仕組みとその仕事内容を限定的に明らかにしておくことは、車の両輪のように国民の権利を公権力に侵害させない大きな力となると考えたのです。だから、日本国憲法は、「人権保障」の部分と「統治機構」の部分の

大きく2つによって構成され、全103条からできているのです。大学の法学部ではふつう、憲法の講座が「憲法Ⅰ（人権編）」と「憲法Ⅱ（統治機構編）」に分けられているのはこのためです。どちらも国民の人権を侵害させないため（究極の目的）の規定なのです。

　そうすると、**いろいろな法律**（刑法、民法、道路交通法、遺失物法、臓器移植法など）を思い起こした時、それらは国民が守らなければならない**（上から下への）ルール**だとわかるでしょう。しかし、**憲法**は、ちょうど向きが逆で**（下から上へ向かう）**、国や公的機関が守ってほしいルールを規定したものであることが理解できると思います。

　ただ（ここからは私見です）、最近は、公権力の権威的で強制的な政治が影をひそめ、一見穏やかで自由な雰囲気を持ちながら、国民個人に自己決定（選択）させ、その結果の責任を取らせることで、政府の責任回避の理由にしようという傾向が見られます。**強制しないでコントロールするという便利な装置（自己決定・自己責任）**が世界的に流行っています。豊かで自由な社会のおかげで多様な選択肢が並び、それを自己決定できる環境が用意されています。昔ならば、わずかな選択肢しかなく、また自由に決定できないしがらみや枠組みがありました。そういう意味では、人の言うことに従い、周りと同じような行動をとっていれば間違わずに一生を過ごすことができたでしょうから、昔の方が今と比べて不自由だけれども主体性を持たなくてすむ楽な社会だったとも言えます。

　たとえば、毎日何を着て行けばいいのか、昼はファミレスか専門店かファースト・フードかコンビニのおにぎりか、メル友には何分以内に返信しなければならないのか、視聴番組は地上波・BS・CSそれにレンタルDVDのどれを選ぶのか、商品を買うのに直接店に行くのか通販かネットショップか……。世の中選択だらけです。上手く利用すれば得をすることもあるし、安易に手を出して失敗することもある。その責任は、選んだあなたなのです。

　いま、選択の幅が増え、何でも自分で決めることができることで、個人の可能性は飛躍的に広がりました。けれども人間は不思議なもので、たくさんの選択肢の中から選べと言われると困ってしまいます。選んだものは自分で選んだ

わけですから文句を言えません。少しぐらい問題があろうが、取り返しのつかない結果が生じようが、すべて自己責任なのです。周りを見れば、上手く選択をして、とても豊かな生活をしている人もいます。しかし、選択を誤って（勘違いして、安易に判断して、あるいは選択をしないで）重い責任に悩む人の話もよく聞きます。誰かがやさしく手を差し伸べてくれるわけではないのです。そう考えると、思い切って新しい物（こと）に飛びつくことは危険かもしれません。そんな思いから、結局みんなと同じ選択になってしまっているのが現実でしょう。人と違うものを選べるのは、綿密な分析をして将来の動向をズバリと当てる能力に秀でている人か、動物的な勘の鋭い人、あるいは物事の後先を見ない青少年か、一か八かの博打をするギャンブラーのいずれかでしょう。中には資産に物を言わせ何でも自由にしてしまう人もいるでしょうが、多くの人は、そんな危険なことをあえてしたりはしないのです。

　こうした社会の中では、**憲法でうたわれている「自由・生命・財産・平和的生存・幸福追求」の権利などという言葉は、「人それぞれで、主張や努力をした奴はいい思いをするし、そうでない奴はそれなり」などと考えがちになります。憲法の存在意義もそれなりになってしまっていないでしょうか。今一度考えてみましょう。**

② アメリカ合衆国憲法は人権規定がなかった

　日本国憲法は、連合国軍総司令部（GHQ）の民政局が英文で草案をつくり、翻訳したものを修正してつくられた、ということは周知の事実ですが、では戦後日本を一手に掌握したアメリカ本国の連邦憲法は、どういうものなのでしょう。ふつう、お手本とされていると考えれば、日本国憲法によく似ているだろうと思ってしまいますが、実は、アメリカ連邦憲法は成立当初（1788年）、前文とたった7条の法典でしかありませんでした。世界最初の成文憲法であるアメリカ合衆国憲法（1776年のバージニア憲法がアメリカ合衆国憲法のもとになったと言われています）が、たった7条とはどういうことかと思われるでしょうが、アメリカの「条（Article）」は、日本の法律では「章」に相当し、条にはいく

つかの「節（Section）」が分かれていますので、7条といっても実際は24条に相当します。その後、10条の修正条項（多くは人権条項）が追加され、現在は、前文、本文（全7条）、修正条項（全27条）の大きく3つの部分からなっています。

　では、なぜアメリカ合衆国憲法は「統治機構（議会・大統領・裁判所）」のみだったのでしょうか。①で説明したように、統治機構（政府の政治の仕組みと権限）を明記することは、それぞれの組織が権限を超えて行動しないように、三権をコントロールすることになります。そして、最も大切な人権条項については、トマス・ジェファーソン起草の独立宣言（1776年）で、自然権としての人権思想が高らかにうたわれていたために、わざわざ憲法に記載する必要がないと考えたからです。

　　われわれは、自明の真理として、すべての人は平等に造られ、造物主によって、一定の奪いがたい天賦の諸権利を付与され、その中に生命、自由および幸福の追求のふくまれることを信ずる。また、これらの権利を確保するために人類の間に政府が組織されること、そしてその正当な権力は被治者の同意に由来するものであることを信ずる。（アメリカ独立宣言）

　しかし、中央政府が専制的なものになりかねないとの批判を受けて、1789年に連邦議会に提案され、その後1992年までに少しずつ追加修正されたのでした。人権規定と統治機構は、国民の人権保障のための車の両輪と述べたのは、このことを意味するからです。

　次に、実際にアメリカ合衆国憲法の内容を見てみましょう。修正条項は、元の規定を直接改正変更するのではなく、従来の規定を残したまま、修正内容を修正条項として憲法典の末尾に付け足していく方法をとるので、比較するときに注意してください。修正条項は、「第1修正（Amendment Ⅰ）」、「第2修正（Amendment Ⅱ）」と番号が付されています。

前文（Preamble）

"We the People of the United States, in Order to form a more perfect Union, establish Justice, insure domestic Tranquility, provide for the common defense, promote the general Welfare, and secure the Blessings of Liberty to ourselves and our Posterity, do ordain and establish this Constitution for the United States of America."（**われら合衆国の人民は、より完全な連邦を形成し、正義を樹立し、国内の平穏を保障し、共同の防衛に備え、一般の福祉を増進し、われらとわれらの子孫のうえに自由のもたらす恵沢を確保する目的をもって、アメリカ合衆国のために、この憲法を制定する。**）

前文では、アメリカ合衆国が単なる13邦の連合体でなく、合邦した統一国家であることを宣言し、国民の安全や防衛など、当該憲法を制定する目的が列挙されています。アメリカ国旗が、「スター＆ストライプス」と呼ばれ、50個の星（現在の州数）と13本の線（独立当時の邦）から成っているのはそのためですね。

第1条（Article Ⅰ） 連邦議会

立法府としての連邦議会を定義している。上下各院の議員選出の方法と資格について、また、議会における討論の自由を保障し、利己的な行動を制限し、立法の方法を概説し、また立法府の権限を示している。列挙された権限に関しては議論があるが、連邦および州議会の権限を制限する役割を果たしている。

第2条（Article Ⅱ） 大統領

行政機関としての大統領府に関して定義している。大統領の選出方法、資格、確認されるべき宣誓、その任務の権限と義務を明示している。副大統領の役職や弾劾制度、大統領、副大統領、判事などの公職追放についても定義している。

第3条（Article Ⅲ） 連邦裁判所

最高裁を含む司法制度について定義している。連邦最高裁判所の設置を規定しているが、議会はその裁量の下で下級裁判所を設置することができ、その判決と命令は最高裁によって審査される。刑法事件では、陪審制裁判を要求することもできる。（通常の裁判と選択できるわけだが、実際は全刑事裁判の約6％しか陪審裁

判は行われない。）

第 4 条（Article Ⅳ） 連邦と各州の関係

各州と連邦政府の関係および各州間の関係について定義している。（たとえば、テキサス州内で犯罪を犯して有罪とされたルイジアナ州の住人に、より重い罰則を科すことを禁ずるなど、各州間の差別を禁じている。）

第 5 条（Article Ⅴ） 修正手続き

憲法の修正に必要な手続きを定めている。（たとえば、連邦議会の場合、上院と下院の投票で定足数の 3 分の 2 以上によって修正を提案することができる。また、1803年、マーベリー対マディソン事件判決で、最高裁は議会の立法やその他の行動を検証しその合憲性を審査する権限があるという違憲立法審査権の原理を確立したが、この権限は法的、政治的、経済的また社会的条件に影響を与えることになるので、憲法の条文を修正することなく実際面で憲法を適応させていく機能も持っている。）

第 6 条（Article Ⅵ） 連邦法の州法への上位性

連邦憲法とそれに基づく連邦法、および条約を国内の最高法と定義している。（州の憲法や法律が連邦憲法と矛盾してはならないこと。論争になった場合は、州の判事が州の憲法や法律に対して連邦の憲法や法律を上位に置いて判断することを法的に強制したもの。）

第 7 条（Article Ⅶ） 憲法の有効条件

この連邦憲法の批准に関する要求事項（独立当初の13州のうち少なくとも 9 州の批准がなければ有効とならない）を定めている。

　さて、アメリカの憲法成立当初は、このように前文と**連邦議会（立法権）**、**大統領（行政権）**、**連邦裁判所（司法権）**の内容と権限についてしか憲法に規定されていませんでした。日本国憲法に照らし合わせてみるとやはり物足りない感じがしますね。そして、修正条項が追加されるのです。ただ、日本人の感覚からすると、修正第 2 条（**人民の武装権**）は、権利なのか、と不思議に思います。イギリスから独立を果たしたアメリカには、イギリス本国で上手くいかなかった人々や新大陸で一旗揚げようといった荒くれ者が多くいました。ネイティブアメリカンと対抗するためや、西部開拓のフロンティア精神からも、自分の身を自分で守ること、つまり拳銃を所持することは権利と考えられていたのでし

ょう。この辺の権利となると、独立宣言の中にうたわれた「自明の真理として、すべての人は平等に造られ、造物主によって、一定の奪いがたい天賦の諸権利を付与され……」とはどうも違うのではと首をひねってしまいます。

＜アメリカ権利章典（修正1条～10条）＞

修正第1条　（信教、言論、出版、集会の自由、請願権）

　合衆国議会は、国教を樹立、または宗教上の行為を自由に行なうことを禁止する法律、言論または出版の自由を制限する法律、ならびに、市民が平穏に集会しまた苦情の処理を求めて政府に対し請願する権利を侵害する法律を制定してはならない。

修正第2条　（人民の武装権）

　規律ある民兵は、自由な国家の安全にとって必要であるから、人民が武器を保有し、また携帯する権利は、これを侵してはならない。

修正第3条　（軍隊の舎営に対する制限）

　平時においては、所有者の同意を得ない限り、何人の家屋にも兵士を舎営させてはならない。戦時においても、法律の定める方法による場合のほか、同様とする。

修正第4条　（令状主義）

　不合理な捜索および押収に対し、身体、家屋、書類および所有物の安全を保障されるという人民の権利は、これを侵してはならない。令状は、宣誓または確約によって裏付けられた相当な理由に基づいてのみ発行され、かつ捜索すべき場所、および逮捕すべき人、または押収すべき物件を特定して示したものでなければならない。

**修正第5条　（大陪審の保障、二重の処罰の禁止、デュー・プロセス・オブ・ロー、
　　　　　　　財産権の保障）**

　何人も、大陪審の告発または起訴によらなければ、死刑を科せられる罪その他の破廉恥罪につき責を負わされることはない。ただし、陸海軍、または戦時、もしくは公共の危険に際して現に軍務に服している民兵において生じた事件については、この限りではない。

　何人も、同一の犯罪について重ねて生命身体の危険にさらされることはない。

　何人も、刑事事件において自己に不利な証人となることを強制されることはなく、また法の適正な手続きによらずに、生命、自由または財産を奪われることはない。

何人も、正当な補償なしに、私有財産を公共の用のために徴収されることはない。

修正第6条 （陪審、迅速な公開の裁判その他刑事上の人権保障）

すべての刑事上の訴追において、被告人は、犯罪が行なわれた州、および事前に法律によって定められた地区の公平な陪審による迅速な公開の裁判を受け、かつ事件の性質と原因とについて告知を受ける権利を有する。

被告人は、自己に不利な証人との対質を求め、自己に有利な証人を得るために強制手続を取り、また自己の防禦のために弁護人の援助を受ける権利を有する。

修正第7条 （民事事件における陪審審理の保障）

コモン・ロー上の訴訟において、訴額が20ドルを超えるときは、陪審による裁判を受ける権利が保障されなければならない。陪審によって認定された事実は、コモン・ローの準則によるほか、合衆国のいずれの裁判所においても再審理されることはない。

修正第8条 （残虐で異常な刑罰の禁止等）

過大な額の保釈金を要求し、または過重な罰金を科してはならない。また残虐で異常な刑罰を科してはならない。

修正第9条 （人民の権利に関する一般条項）

この憲法に一定の権利を列挙したことを根拠に、人民の保有する他の諸権利を否定し、または軽視したものと解釈してはならない。

修正第10条 （州または人民に留保された権限）

この憲法によって合衆国に委任されず、また州に対して禁止していない権限は、それぞれの州または人民に留保される。

その後の修正条項：

修正第11条：各州の主権による免責（1795年）

修正第12条：大統領と副大統領選挙における選挙人投票規定（1804年）

修正第13条：奴隷制廃止（1865年）

修正第14条：公民権の定義、市民の特権・免除、デュー・プロセスの権利および法の下の平等の州による侵害禁止、ならびに下院議員定数の規定（1868年）

修正第15条：黒人参政権（1870年）

修正第16条：所得税の課税（1913年）

修正第17条：上院議員の選出規定（1913年）

修正第18条：禁酒法制定（1919年）

修正第19条：女性参政権（1920年）

修正第20条：アメリカ合衆国議会の会期と大統領任期と継承の規定（1933年）

修正第21条：修正第18条（禁酒法）の廃止（1933年）

修正第22条：大統領の2期までの当選回数の制限（1951年）

修正第23条：コロンビア特別区に大統領選挙人を認める規定（1961年）

修正第24条：人頭税等税金の支払いの有無を理由に、大統領、合衆国議会等の選挙権を制限することの禁止（1964年）

修正第25条：大統領が欠員の時の副大統領の承継規定、および副大統領が欠員の場合にそれを埋める規定（1967年）

修正第26条：18歳以上の選挙権付与（1971年）

修正第27条：アメリカ合衆国議会議員の報酬の変更規定（1992年）

●比較してみよう！

　これら修正条項は憲法改正の規定（上下両院の3分の2以上の賛成で発議され、全州の4分の3以上の州議会の賛成）に基づいて行われている。

　安倍首相は、2012年末の会見で、憲法改正について「3分の1超の国会議員が反対すれば議論すらできない。あまりにもハードルが高すぎる」と言及し「憲法改正論議」が再燃した。メディアでも「1945年以降、アメリカは6回、カナダは18回、フランスは27回、日本と同じ敗戦国であるドイツでは58回も憲法を改正している」との報道が盛んとなった。しかし、それぞれの国の改正手続きの違いを見なければ一概に比較できない。

　アメリカやドイツのような連邦国家の場合は、州ごとに独自の憲法があり、連邦憲法は一種の条約のようなものなので、憲法改正においては、「国会が『発議』し、州の『承認』を得る」ことが条件となる。一方、日本やフランスのような単一国家では、「国会が『発議』し、国民が『承認』する」という手続きになる。アメリカの憲法改正は、「条文の書き換え」ではなく、「修正条項を付け加えていく方式」のため改正しやすいといえるかもしれない。しかし、連邦国家では『州』が『国民』に相当すると考えれば、アメリカもドイツも国会においては3分の2以上の賛成で日本と同じだが、日本の国民投票は2分の1以上であるのに対し、アメリカは4分の3、ドイツも3分の2というのは、日本以上に厳しい規定だといえる。

　また、日本と同じ連邦でない国家のフランスでは「死刑の禁止」を定めた66条改正などが行なわれてきた（大統領制なので大統領の権限による改正手続き

20 第1章 憲法は素晴らしいが、何の役に立つのだろう？

もある）が、原則は「首相が国会議員や大統領に憲法改正を提案し、国会議員
か大統領が発議を行い、両院（国民議会と元老院）の過半数で可決された上、
国民投票を行ない、有効投票数の5分の3以上で承認」となっている。日本と
比較すると、国会の議決のハードルは低いが、国民投票は逆に日本より厳しい。
　憲法を改正して改正しやすくすべきだという論は、政治家の努力の不十分さ
をかえって露呈しているともいえる。

　「日本国憲法のおもしろさ」をテーマにしているのに、アメリカ合衆国憲法
が出てきたので驚いていると思いますが、やはり成文憲法を世界で最初につく
ったアメリカという国が、何のために、誰に向かって作ったルールなのかを理
解しなければ、憲法の本当の意味を理解できないと考えたからです。そして今、
アメリカという国は憲法で守ろうとした目的をしっかり果たしているのだろう
か、と考えてみることが大切です。

　さらに、アメリカ連邦憲法には、"Human Rights" という言葉が一度も出て
こないのに、日本国憲法の英語版には "Fundamental Human Rights" がよく出
てきます。ポツダム宣言や国連憲章には "Human Rights" が出てきますが、ア
メリカ国内で法律用語として使われるときは、単に "Rights" と表記されてい
るようです。おそらく、アメリカ人にとって「ヒューマン・ライツ（人権）」
という言葉は、国内的な憲法上の概念ではなく、対外的・普遍的な外交上の概
念だからでしょう。人類普遍の原理というときは "Human Rights" ですので、
どの国と特定することなく使えるからでしょう。

　実際、憲法制定過程をたどってみると、GHQ 民政局の人権を検討する小委
員会では、当初日本国憲法の人権規定を "Civil Rights" として扱っていたことが
資料に残っています。その後小委員会は、"Civil rights" の表記を "Fundamental
human rights" という用語に変更しています。どのような理由があったのかは
定かではありませんが、アメリカ人（マッカーサー）にとって、民主的な日本
国憲法を成立させることは、世界（あるいは連合国の他の国）に向かって声高に
宣言する外交的な作業のひとつだったのかもしれません。

　こう考えると、日本国憲法は世界のどの国に出しても恥ずかしくない憲法と

して（日本語としては美しくはないですが）誇っていいのかもしれません。

　この章では、憲法がなぜ人権規定と統治機構に分けられるのか、またその２つの規定は車の両輪のように、究極の憲法の目的、つまり「国民の権利を公権力から守る」ためにあるのだということを学んでいただけたと思います。したがって、多くの法律のように民衆に向けられたルールではなく、憲法は公的機関に向けられたルールなのだということをしっかり頭に入れておいてください。

　さて、第２章は、憲法制定過程について、日本人から「松毬」や「へそ」と呼ばれて親しまれていたマッカーサーの人となりに結びつけながら説明して行きたいと思います。

第 2 章　戦後の日本はヘソによってつくられた
憲法成立の裏側

1　マッカーサーは国民のアイドルだった

　1945年8月15日正午、昭和天皇の声（玉音放送）がラジオから流れ、日本が第二次世界大戦で連合国側に敗れ、ポツダム宣言を受諾し無条件降伏したことを伝えたのでした。この玉音放送は、事前にNHKで録音されて2枚のレコードになっていたもので、4分10秒の終戦の詔勅でした。じつは、このレコードをめぐって、陸軍の一部中堅幹部が反乱（8・15クーデター）を起こし、ラジオ放送を阻止しようとたくらんでいました。さいわい、目的のレコードを発見できず失敗に終わったので、何事もなく放送されました。日本国民はこの日初めて敗戦を知ったのでした。

　それからちょうど15日後、8月30日午後、連合国軍最高司令官総司令部（GHQ）の最高司令官マッカーサー元帥が厚木飛行場に降り立ち、戦後日本の占領政策が始まったのです。厚木飛行場と言っても、実際は神奈川県綾瀬市と大和市にまたがる海軍飛行場で、現在では在日米海軍と海上自衛隊が共同で使用している軍事基地です。トレードマークのティアドロップ型レイバンサングラスをかけ、コーンパイプをくわえ、飛行機から降り立つマッカーサーの姿を誰しもどこかでご覧になったのではないでしょうか。

　このダグラス・マッカーサーは、どの写真を見ても高圧的で、権威的なイメージが強く、特に天皇がマッカーサーとの会見を希望しアメリカ大使館で並んで記念撮影した9月27日の写真（新聞では29日に掲載され、発禁処分となりかけたがGHQが撤回を命じた）は、多くの日本人にとって敗戦を実感するきっかけ

になりました。しかし、いろいろ調べてみるとマッカーサーは意外と日本国民から人気があり、アイドル（？）であったことがわかりました。最初、多くの日本人は、占領軍が敗戦国日本へ無理な要求をしてくるのではないかと不安に思っていました。実際、連合国の対日理事会では、ソ連のデレビャンコ中将は北海道をソ連に占領させるようマッカーサーに進言していますし、アメリカ本国や連合国各国では、天皇の戦争責任を追及する世論が高まり、昭和天皇を戦争犯罪人として東京裁判で裁くことを考えていたのです。しかし、前述のマッカーサーと天皇の会見で、マッカーサーは、天皇が命乞いをすると思っていたのに、全責任を負うものとして採決を委ねるという考えを示されたことで、戦後日本の民主化に天皇の存在はなくてはならないものであると確信を持つようになったのでした。そしてアメリカ政府が昭和天皇の戦争責任を調査するようGHQに要請しましたが、マッカーサーは戦争責任を追及できる証拠は一切ないとして突っぱねたのでした。こうした、マッカーサーの占領方針は次第に日本人に受け入れられ、戦時中に比べ自由で豊かな生活につながるものとして好印象をもたれるようになっていきました。その証拠に、直接マッカーサー宛に苦しい生活の現状を訴えるものや、政策の要望を伝える手紙などがたくさん寄せられ、その数は約50万通にも及んだと言われています。マッカーサー自身もこうした国民の声を大切にして、気に入った手紙は死の直前まで手元に所有していたと言います（『拝啓マッカーサー元帥様　占領下の日本人の手紙』袖井林二郎編、岩波現代文庫、参照）。

　こうした関係は朝鮮戦争が起き、その方針をめぐってトルーマン大統領と対立し、最高司令官を解任されて日本を去るまで続きました。日本を去るマッカーサーの姿を見ようと20数万人が詰めかけ、政府はマッカーサーに「名誉国民」の称号を贈ることを検討しているとの記事まで出ました。また、マッカーサーはアメリカ本国でも人気が高く、日本にいた1948年にはアメリカ大統領選で共和党の候補者争いをしたこともありました。このように、アイドル的な人気があった原因は、マッカーサー自らが地方に足を運び、国民とのかかわりを大切にしたからだと言われています。そのため、マッカーサーは、国民から

「松毬」や「へそ」といったニックネームで呼ばれていたそうです。松毬はその名の通りなのでわかると思いますが、「へそ」はなぜそう呼ばれたのでしょうか。戦争中は天皇が現人神で、国民は天皇の家来の臣民であり、大日本帝国という家族の赤子であったわけです。そして、天皇は自らを朕と呼ぶ（フランスルイ16世の有名な言葉「朕は国家なり」を思い出してください）わけですが、敗戦後は連合国軍最高司令官総司令部（GHQ）の占領の下、マッカーサーの下の地位に位置することになったわけです。つまり、朕の上にマッカーサーがいるわけですから、マッカーサー＝へそということになるわけです。日本の庶民もなかなかやるものですね……。

　今まで、マッカーサーについて憲法とは直接関係ない話をいろいろしたのは、私が勤務している大学が厚木市にあり、マッカーサーが初めて降り立った厚木飛行場と若干関係するからです。おもしろいことに、小田急小田原線本厚木駅の東口を少し行くと「マッカーサー・ガレージ」というレストラン・バーがあります。そして、その店内には、なんとマッカーサーが占領下の日本で実際に使用し、ジーン夫人の愛用車でもあった「キャデラック1947年式」の自動車が展示してあるのです。動きませんが乗車することはできますので、一度来店してみるといいでしょう。素敵な音楽（ジャズが多いです）を聴きながら、アメリカンノスタルジーな雰囲気に浸ることができます。アドレスを載せておきましょう。

「MacArthur Garage」：http://www.macarthurgarage.com/index_music.php

2　憲法制定作業

　さて、では日本国憲法がどのように制定されたのか見て行きましょう。まず、1945年8月15日の終戦直後に発足したのは、東久邇宮稔彦内閣です。この内閣

は、連合国最高司令官総司令部（GHQ）への対応に追われ、憲法を見直す意思も余裕もありませんでした。しかし、いわゆる「自由の指令」※が出されたことをきっかけとして、組閣から2カ月足らずで総辞職を余儀なくされ、幣原喜重郎内閣に交替しました。

　政府においては、法制局と外務省がいちはやく憲法問題に気づいて検討を始めていました。法制局では、入江俊郎第一部長のグループが、非公式に憲法を見直すための事務的な検討を行い、外務省条約局は、日本自らの意思で民主主義体制を整備する必要があるとの判断から、独自の検討を進めていました。しかしこれらの動きは、政権内閣の消極的な姿勢のもとでは具体的な成果には結びつきませんでした。

　マッカーサーは、10月4日の「自由の指令」を出す一方で、近衛文麿元首相と会談し、憲法の改正について示唆を与えました。近衛はこれを受けて、佐々木惣一元京大教授とともに「内大臣府御用掛」として憲法改正の調査に乗り出すことになります。また、10月11日には、新任の幣原首相との会談においても「憲法の自由主義化」について触れ、憲法改正には消極的であった内閣も「内大臣府御用掛」をけん制するため、政府としてこの問題に対応することとしました。こうして松本烝治国務大臣を委員長とする憲法問題調査委員会（いわゆる松本委員会）が10月25日に設置され、政府側の調査活動がスタートしたのです。その後、戦犯逮捕命令が発せられた近衛は、12月15日未明に服毒自殺を遂げ、「内大臣府御用掛」による憲法改正調査（佐々木案）も立ち消えとなります。

　いっぽう、憲法問題調査委員会（松本委員会）においては、当初、調査研究を主眼として憲法改正を目的としないと考えていましたが、まわりの情勢から

※　戦時中に反体制的な思想や言動を厳しく取り締まっていた日本政府に対し、1945年10月4日、GHQが、自由を抑圧する制度を廃止するよう命じた指令のことです。正式には「政治的、公民的及び宗教的自由に対する制限の除去の件（覚書）」と言います。この指令は、思想、信仰、集会および言論の自由を制限していたあらゆる法令の廃止、内務大臣・特高警察職員ら約4000名の罷免・解雇、政治犯の即時釈放、特高の廃止などを内容としていました。東久邇宮内閣は、この指令を実行できないとして、5日に総辞職してしまいました。次の幣原内閣では、この指令に基づき共産党員など政治犯約3000人を釈放し、治安維持法など15の法律・法令を廃止しました。

26 第2章 戦後の日本はヘソによってつくられた

改正を視野に入れた調査へと転換を余儀なくされ、委員会の委員が改正私案を作成することになりました。松本委員長は、1945年12月8日、帝国議会の答弁というかたちで、いわゆる「松本四原則」※憲法改正の基本方針を明らかにしました。1946年に入ると、松本委員長自らも私案を作成しましたが、松本委員会のメンバーであった宮沢俊義東大教授が要綱のかたちにまとめ、後に松本自身が手を入れて「憲法改正要綱」（甲案）となりました。そして、万が一のために大幅な改正案「憲法改正案」（乙案）もまとめられて、2月8日、GHQに「憲法改正要綱」（甲案）を提出することになりました。

　ところが2月1日、憲法問題調査委員会の試案が毎日新聞にスクープされ、「あまりに保守的、現状維持的なものに過ぎない」との批判を受けてしまいました。このスクープをきっかけに、ホイットニー民政局長は、マッカーサーに対して、極東委員会（米英ソ三国外相会議で設置が決まった組織。対日占領管理方式が大幅に変更され、憲法改正に関するGHQの権限は、一定の制約のもとに置かれることが明らかになった）が憲法改正の政策決定をする前ならば、憲法改正に関するGHQの権限に制約がないと進言したため、GHQによる憲法草案の起草が急遽動き出しました。

　2月3日、マッカーサーは、憲法改正の必須要件「マッカーサー三原則」※※をホイットニーに示し、翌4日、民政局内に作業班が設置され、GHQ草案（マ

※　(1)　天皇が統治権を総攬するという明治憲法の根本原則は変更しない。(2)　議会の議決事項を拡大し、天皇の大権事項をある程度削減する。(3)　国務大臣は全国務について議会に責任を負い、国務大臣が輔弼（ほひつ・天皇の政治を助けること）しない大権事項は認めない。(4)　人民の権利・自由の保障を拡大強化する。

※※(1)　天皇は国家の元首の地位にある。皇位は世襲される。天皇の職務および権能は、憲法に基づき行使され、憲法に表明された国民の基本的意思に応えるものとする。

　(2)　国権の発動たる戦争は、廃止する。日本は、紛争解決のための手段としての戦争、さらに自己の安全を保持するための手段としての戦争をも、放棄する。日本はその防衛と保護を、今や世界を動かしつつある崇高な理想に委ねる。日本が陸海空軍を持つ権能は、将来も与えられることはなく、交戦権が日本軍に与えられることもない。

　(3)　日本の封建制度は廃止される。貴族の権利は、皇族を除き、現在生存する者一代以上には及ばない。華族の地位は、今後どのような国民的または市民的な政治権力を伴うものではない。予算の型は、イギリスの制度に倣うこと。

ッカーサー草案）の起草作業が開始されました。GHQ は、起草作業を急ぐ一方で、日本政府に対して政府案の提出を要求、2 月 8 日、憲法問題調査委員会の松本烝治委員長より、「憲法改正要綱」「憲法改正案ノ大要ノ説明」等が GHQ に提出されました。

　いっぽう、政府が秘密裏に改正草案作りを進めていた同じころ、民間有識者のあいだでも憲法改正草案の作成が進行し、1945年末から翌年の春にかけて次々と新聞に公表されました。特に憲法研究会の「憲法草案要綱」は、天皇の権限を国家的儀礼のみに限定し、主権在民、生存権、男女平等など、のちの日本国憲法の根幹となる基本原則を先取りするものであり、その内容には、GHQ 内部で憲法改正の予備的研究を進めていたスタッフも強い関心を寄せたと言われています。その後、各政党とも相次いで改正草案を発表しました。自由党案と進歩党案はともに、明治憲法の根本は変えずに多少の変更を加えるだけのものに対して、共産党案は天皇制の廃止と人民主権を主張し、社会党案は国民の生存権を打ち出した点に特徴がありました。

　2 月13日、外務大臣官邸において、ホイットニーから松本国務大臣、吉田茂外務大臣らに対し提出された要綱を拒否することが伝えられ、その場で、GHQ 草案が手渡されました。後日、松本は、「憲法改正案説明補充」を提出するなどして抵抗しましたが、GHQ の同意は得られませんでした。そこで、日本政府は、2 月22日の閣議において、GHQ 草案に沿う憲法改正の方針を決め、2 月27日、法制局次長の入江俊郎と佐藤達夫第一部長が中心となって、日本政府案の作成に着手しました。3 月 2 日、試案（3 月 2 日案）ができ上がり、3 月 4 日午前、松本と佐藤は、GHQ に提出し、夕方から確定案作成のため民政局員と佐藤との間で徹夜の協議に入り、5 日午後、すべての作業を終了したのでした。日本政府は、この確定案（3 月 5 日案）を要綱化し、3 月 6 日、「憲法改正草案要綱」として発表しました。その後、ひらがな口語体での条文化が進められ、4 月17日、「憲法改正草案」として公表されました。

　極東委員会はマッカーサーに対し、「日本国民が憲法草案について考える時間がほとんどない」という理由で、4 月10日に予定された総選挙の延期を求め、

28 第2章 戦後の日本はヘソによってつくられた

さらに憲法改正問題について協議するため GHQ から係官を派遣するよう要請しましたが、マッカーサーはこれらの要求を拒否し、極東委員会の介入を極力排除しようとしました。

1946年4月10日、女性の選挙権を認めた新選挙法（この時、女性立候補者78人のうち39人が当選したのです。今より男女共同参画の社会だったかもしれません）のもとで衆議院総選挙が実施され、5月16日、第90回帝国議会が召集されました。開会日の前日には、金森徳次郎が憲法担当の国務大臣に任命され、6月20日、「帝国憲法改正案」は、明治憲法第73条の規定の勅書をもって議会に提出されました。6月25日、衆議院本会議に上程され、6月28日、芦田均を委員長とする帝国憲法改正案委員会に付託されました。委員会での審議は7月1日から開始され、7月23日には修正案作成のため小委員会が設けられました。小委員会は、7月25日から8月20日まで非公開のもとで、懇談会形式で進められ、8月20日、各派共同により、第9条第2項冒頭に「前項の目的を達するため」という文言を追加する、いわゆる「芦田修正」などを含む修正案を作成しました。翌21日、共同修正案は委員会に報告され、修正案どおり可決されました。8月24日には、衆議院本会議において賛成421票、反対8票という圧倒的多数で可決され、同日貴族院に送られました。

「帝国憲法改正案」は、8月26日の貴族院本会議に上程され、8月30日に安倍能成を委員長とする帝国憲法改正案特別委員会に付託されました。特別委員会は9月2日から審議に入り、9月28日には修正のための小委員会を設置することを決定しました。小委員会は、いわゆる「文民条項」の挿入など GHQ 側からの要請に基づく修正を含む4項目を修正し、10月3日、修正案は特別委員会に報告され、小委員会の修正どおり可決されました。修正された「帝国憲法改正案」は、10月6日、貴族院本会議において賛成多数で可決され、同日衆議院に回付され、翌7日、衆議院本会議において圧倒的多数で可決されました。その後10月12日に枢密院に再諮詢され、2回の審査のあと、10月29日に2名の欠席者をのぞき全会一致で可決され、「帝国憲法改正案」は天皇の裁可を経て、11月3日に「日本国憲法」として公布されたのでした。

翌1947年5月3日、「日本国憲法」が施行されましたが、当日は皇居前広場で記念式典が開かれ、各地で記念講演会等が催されました。また、新たに憲法を施行するに際して必要な法律の制定、改正、たとえば、新しい皇室典範、国会法、内閣法、裁判所法、地方自治法などが新たに制定され、刑法、民法などの規定も憲法の内容に合わせて改正されました。

「日本国憲法」が公布されて、約1か月後の1946年12月1日、国民に対して新憲法の精神を普及することを目的として「憲法普及会」が組織されました。普及会は、GHQ の指導のもと様々なかたちで啓蒙普及活動を展開し、映画の製作や「憲法音頭」等の歌を通じた啓蒙活動などもしたそうです。特に全国民への憲法の普及を目的として、1947年に刊行された『新しい憲法　明るい生活』と題する小冊子は、2000万部が全国の各世帯に配布されたそうです。

　参考：立命館大学：http://www.ghq.ritsumei.ac.jp/db/

　　　　国立国会図書館：http://www.ndl.go.jp/constitution/index.html

「へそ」こと、マッカーサーは、日本が再びアメリカの脅威にならないよう、非軍事化と民主化の推進を指針に掲げましたが、天皇との会見を機に天皇の権威を上手く利用して、円滑な占領政策を行おうと考えました。これは、強制的に民主主義を押しつけるのではなく、国民の理解と信念から民主主義を良いものだと感じるように仕向けたのでした。新憲法の草案に「マッカーサー・ノート」を盛り込むよう指示を出し、極東委員会の介入を極力避けるように急いで日本国憲法を成立させたのも、強引ではありますが、民政局のメンバーを通して日本の国民性を理解した上での行動だったのではないでしょうか。こうしたことが、逆に「密室の9日間」（2月4日～2月12日）と言われ「憲法押し付け論」につながっているのだと言えましょう。

最近では、このいわゆる「憲法押し付け論」に対して有力な反論があり、GHQ 憲法草案に少なからぬ影響を与えたのは、前述の日本の民間の憲法草案研究団体「憲法研究会」（民間の立場からの憲法制定の準備・研究を目的として1945年結成された）であったと言われています（詳細は、小西豊治『憲法「押しつけ」論の幻』講談社現代新書参照）。この団体の主なメンバーは、高野岩三郎

(社会統計学者)、鈴木安蔵(憲法学者)、馬場恒吾(ジャーナリスト)、杉森孝次郎(政治学者)・森戸辰男(後に片山・芦田内閣の文部大臣)・岩淵辰雄(評論家で貴族院議員・元朝日新聞記者)・室伏高信(評論家・元読売新聞記者)の7人で、最終的に鈴木安蔵がまとめ、「憲法草案要綱」としてGHQに提出されたと言われています。

1945年12月26日、この「憲法草案要綱」が新聞に掲載されてから、すぐにGHQでも英訳され、詳細な検討を行ったラウエル法規課長は、1946年1月11日付で、「この憲法草案に盛られている諸条項は、民主主義的で、賛成できるものである」(1959年に見つかったいわゆる「ラウエル文書」)との評価を記しています。

憲法草案要綱(憲法研究会案)
(1945年12月26日)
(国立国会図書館HPより)

　この憲法草案は植木枝盛の「東洋大日本国国憲按」や土佐立志社の「日本憲法見込案」など、自由民権運動や大正デモクラシーの影響を受けていて、「日本国の統治権は、日本国民より発する」(国民主権)「天皇は、国民の委任により専ら国家的儀礼を司る」(象徴天皇制)「国民の言論・学術・芸術・宗教の自由を妨げる如何なる法令をも発布することはできない」(表現の自由)「国民は、健康にして文化的水準の生活を営む権利を有する」(生存権)「男女は、公的並びに私的に完全に平等の権利を享有する」(男女平等)など、松本私案とは比べものにならないほど民主的で、現日本国憲法と共通する部分が多く見られます。また、国会については二院制を採用していて、全国1区による大選挙区制の第一院と職能代表による第二院とで構成するかたちを取っており、内閣は議会に対して責任を負うという議院内閣制も採用されています。司法権については大審院院長、行政裁判所長、検事総長を公選とし、冤罪に対する刑事補償規定まであるというのは驚きです。また、**憲法公布後10年以内に国民投票による新憲法の制定を行うことが規定**されており、憲法の位置づけを暫定的なものとしています。

マッカーサーの退任演説：「老兵は死なず、ただ消え去るのみ……」

I am closing my fifty-two years of military service. When I joined the army, even before the turn of the century, it was the fulfillment of all my boyish hopes and dreams. The world has turned over many times since I took the oath on the plain at West Point, and the hopes and dreams have long since vanished, but I still remember the refrain of one of the most popular barracks ballads of that day which proclaimed most proudly "old soldiers never die, they just fade away". And like the old soldier of that ballad, I now close my military career and just fade away, an old soldier who tried to do his duty as God gave him the light to see that duty. Good-bye.

私は今、52年間の陸軍生活に終止符を打とうとしています。まだ20世紀になる前に夢と希望に満ち溢れて軍に入りました。私がウェストポイントの士官学校で宣誓をしてから、世界の動乱にもまれ、青雲の志は失われていきました。しかしそれでもなお、私にはあの時の士官学校で歌われたバラードの一節が思い起こされるのです。あの時誇らしげに歌っていた「老兵は死なず、ただ消え去るのみ」という一節を。歌われた老兵のごとく、私は今、自らの軍歴に終止符を打ち、神のお導きのもとに、自らの義務を果たそうとした一介の老兵として消えていきます。それではみなさん、さようなら。

さらに驚くべきことには、極東委員会が1946年10月17日に、オーストラリア、ニュージーランド各代表の提案に基づいて、「施行後1年を経て2年以内に新憲法を再検討する」政策を決定していたのです。この決定はすぐには公表されませんでしたが、マッカーサーは、翌1947年1月になって吉田首相宛の書簡でこれを伝えています。その後、政府や国会内で憲法再検討の動きが見られましたが、憲法改正に対する国内の反応は、一部の識者を除いて総じて鈍く、結局、憲法の再検討は行われないまま、1949年5月極東委員会は憲法改正の要求を断念したということです。この「憲法草案要綱」がどれほど先見性を持っていたのかを物語るエピソードだと思います。

さて、マッカーサーは、1951年、トルーマン大統領と朝鮮戦争に対する方針をめぐって対立し、最高司令官を解任され、帰国の途に着きます。アメリカ本国でも人気は衰えず、ニューヨークで行われた退任演説には約750万人が集まったと言います。有名な「老兵は死なず、ただ消え去るのみ……」との言葉を

残し、その後も大統領を目指しましたが、果たせずに84歳で生涯を閉じました。

まとめ資料：＜日本国憲法制定までの経過＞

1945年

8月15日　終戦の詔書

9月27日　昭和天皇、マッカーサー元帥を訪問

10月4日　GHQ、「人権指令」を発令　近衛文麿に憲法改正を指示

10月5日　東久邇宮内閣総辞職

10月9日　幣原内閣成立

10月11日　幣原首相、マッカーサー元帥と会談。「五大改革指令」を受ける。秘密警察の廃止、労働組合の結成奨励、婦人の解放、教育の自由化、経済の民主化

10月27日　憲法問題調査委員会　第1回総会

11月1日　GHQ、近衛の憲法調査事業を否認する声明

12月16日　近衛文麿自殺

12月27日　極東委員会と対日理事会の設置を決定

1946年

1月1日　天皇人間宣言

1月4日　GHQ、公職追放を発表。

2月1日　毎日新聞スクープ

2月3日　ホイットニー民政局長、民政局メンバーに憲法草案作成を命令

2月4日　民政局員25名、草案作成作業に着手（〜12日「密室の9日間」）

2月8日　日本政府、「憲法改正要綱」をGHQに提出

2月13日　ホイットニーら、外務大臣官邸にて、吉田外務大臣、松本国務大臣らに草案を手渡す（「運命の2月13日」）

2月22日　幣原首相、マッカーサーと会談。GHQ案の受入れを閣議決定。

2月26日　極東委員会第1回総会

3月4日　日本政府修正案をGHQに提出。修正案を否定。徹夜の対訳作業に入る（〜5日）。

3月6日　憲法改正発議の勅語。日本政府の憲法改正要綱として発表。マッカーサーによる承認声明。

4月5日　第1回対日理事会、マッカーサー「戦争放棄の理念」演説。

2 憲法制定作業　33

4月10日　総選挙
5月22日　吉田茂内閣成立
6月20日　帝国議会衆議院本会議に「帝国憲法改正案」を提案
6月28日　衆議院に憲法改正特別委員会を設置（委員長　芦田均）
8月20日　小委員会で「芦田修正」を含め修正可決
8月24日　特別委員会および衆議院本会議で可決。貴族院に送付。
9月24日　GHQ、極東委員会の意向として「文民条項」など修正申し入れ
10月6日　貴族院本会議、「文民条項」など含め、修正可決。衆議院に再送付。
10月29日　衆議院本会議で可決成立
11月3日　日本国憲法　公布
1947年
5月3日　日本国憲法　施行

第3章 天皇の給料（皇室費）は、お仕事にみあっているか

1 日本の象徴（シンボル）は天皇？

日本国憲法は、第1章で「天皇」という項目を設定しています。これは、日本独特の条文の並べ方でしょう。多くの憲法は、国民主権や人間の尊厳などがまず規定されます。しかし、日本国憲法の場合は、第1章に天皇が規定され、その裏返しとして国民主権を表現するという変則的な記述になっています。これは、敗戦後の憲法制定過程において、GHQ最高司令官マッカーサーが、アメリカ本国（トルーマン大統領）やその他の連合国の思惑に反して、天皇の戦争責任を客観的な根拠がないと突っぱね、昭和天皇を守ろうとしたことに端を発しています。こうした対応は、マッカーサーと昭和天皇の会見（戦勝国と敗戦国の対比として2人が並んで写っていると解説されて、教科書等に写真が掲載）において、国体護持派と民主化推進派の双方をうまく調整させるために、「天皇」という伝統が必要だとマッカーサーが判断したことによるもので、形式的な「天皇制」残存ができ上がったのでした。したがって、今後、憲法改正手続きによって、第1条を改正すれば天皇象徴制を廃止することも可能でしょう。

国民がどう考えるかによりますが、126代もの長い伝統を無視して、皇室のために国民の税金が使われているのは無駄で、天皇象徴制は必要のない制度と短絡的に考えるのは問題があるでしょう。世の中には一見必要のないものとされるものも、何らかの意味があることはよくありますので、天皇の「ご公務」が文化交流や外交上いかなる意味を持っているかを考えてみる必要があるでしょう。日本のアニメ文化も昔は子ども相手の低俗で必要性の低いものでしかな

1 日本の象徴（シンボル）は天皇？　　35

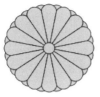
皇室（十六八重表菊）

十四一重裏菊

旧海軍戦艦三笠

いと思われていましたが、今や世界戦略のひとつとまで考えられるようになっています。事業仕分けのように、特定の視点からの効率化で考えたら、真っ先に仕分けされるのは、宮内庁なのかもしれませんが……。

　このように、天皇の地位は象徴とし限定されており、もちろん政治的仕事は一切することができないし、儀礼的行為、すなわち国事行為のみ、しかも内閣の助言と承認の下で行うという設定になっています。これをひっくり返せば、象徴天皇という地位がとりあえず戦後も維持されたのは、主権者である国民の総意によるのですよ、ということなのです。

　象徴と言えば、各家を表す家紋をイメージできます。天皇と皇室を表す家紋は、菊家紋（菊の花の数や重なり合っているか、裏か表か等により多様）のうちで、「十六八重表菊」（左写真）と呼ばれ、1869年（明治2年）8月25日の太政官布告第802号によって、公式に皇室の紋とされました。また、1871年（明治4年）6月17日の太政官布告第285号で、皇族以外の菊花紋の使用が禁止され、皇族の家紋のフォームとして、別に「十四一重裏菊」が定められたそうです。しかし、その後1879年（明治12年）5月22日の太政官達第23号で、一般の社寺でも神殿・仏堂の装飾として使用することが許されたそうです。

　陸軍の軍旗の旗竿先端（竿頭）や、海軍の軍艦の艦首にも金色金属製の菊花紋章が付されて（右写真）いました。現在でも、日本の在外公館の玄関には、国章の代わりとして菊花紋章の浮き彫りがあります。日本のパスポートの表紙にも、同様に菊の御紋をデザイン化した「十六菊」が使われています。また、国会議員の議員記章には「十一菊」の図案が使用されています。

日本国パスポート

家紋といえば、奈良東大寺大仏殿の大仏の脇に水差し（花瓶）がありまして、その水差しについている蝶が8本足であることに気づいている人は少ないでしょう。当時の蝶は8本足がよく見られたとか、突然変異とか、職人が間違えたとか、いろいろな説がありますが、昔からある家紋の中に、蝶家紋というのがあって、「変わり揚羽」と呼ばれる家紋には、やはり8本の足の揚羽が描かれているのです。

平安末期の平氏一門がこの紋を多く用いたそうで、やがて平氏を代表する家紋として定着しました。その後、平氏は源氏によって滅ぼされましたが、生き残った「六波羅党」と呼ばれる武士集団がこの蝶紋を用いていたそうです。日本各地に平家の落武者部落と呼ばれる所がありますが、平家の子孫を証するものとして、平家

変わり揚羽
（東大寺大仏殿　大仏脇水差し）

の公達に発する系図と平家の赤旗、蝶紋が伝えられていると聞きます。

そういえば、『ホメオボックス・ストーリー』東京大学出版会の著者ゲーリング博士は、その著書で、形態変異動物について、ベイトソン（英国の遺伝学・形態学者）は遺伝的変化と発生異常を区別していなかったと批判しながら、体節や足の数の変化、触覚が肢に、眼が触覚に変わるなどの記述にもとづいて、ホメオーシスという言葉でまとめた最初の学者だと述べています。ホメオボックスという言葉もベイトソンのホメオーシスという造語に由来するものです。表紙の8本足の蝶は前述の大仏殿のもので、ゲーリング博士が日本に来た時に、この大仏殿の青銅の蝶を見て驚いたようです。ひょっとすると古代の日本にはこの8本足のホメオティック変異をもつ蝶が飛び交っていたのかもしれません。昆虫は胸からしか足は生えませんが、この蝶は腹の体節がひとつ胸の体節に変わって、足が増えるというホメオティック変異をもつもののようです。

現在の天皇の系譜は、南北朝時代の南朝の系統であるとの説があり、桓武平

氏と深い関係があるとも言われています。そうだとすれば、平氏のシンボルとしての蝶家紋は、天皇の「十六八重表菊」御紋ともどこかでつながっているともいえるでしょう（資料：「変わり揚羽の家紋」http://www.harimaya.com/o_kamon1/yurai/a_yurai/pack2/tyou.html）。

　さて、日本国憲法の「天皇象徴制」に話を戻しましょう。

日本国憲法　第一章　天皇
第１条　天皇は、日本国の象徴であり日本国民統合の象徴であつて、この地位は、主権の存する日本国民の総意に基く。

　日本国憲法には国民主権と題する章はありません。第１章が天皇に関する条文である点については、天皇主権の大日本帝国憲法（第１条は、「大日本帝国ハ万世一系ノ天皇之ヲ統治ス」と規定していた）と共通しています。前述したように「国体護持」派の面子も立てながら、ポツダム宣言における「日本の政体は日本国民が自由に表明する意思のもとに決定される」という声明を実現した形になっていて、国体護持派と民主化推進派の双方をうまく調整させながら民主化に導く戦略として効果があったと考えられます。

　なお、大日本帝国憲法では、第４条で、天皇は元首であるという規定が存していますが、日本国憲法においては、元首についての規定はなく、天皇を元首とみることができるかどうかは、憲法学説上判断が分かれています。日本以外に国王等を象徴としてとらえる例としては、イギリスのウェストミンスター憲章（1931年）の前文が、「国王を英連邦の各構成国の自由な連合の象徴として規定する」としています。

　「天皇は日本国民か」という問題がよく上げられますが、憲法第１条から判断すると国民とは言えないということになるでしょう。国民の総意の下に象徴としての天皇の地位があるわけですし、天皇は国民以外のところ（皇室には戸籍はなく、皇室典範第26条により皇統譜に記載されることや、苗字がないことなど）に位置しているのですから、国民とは言えないでしょう。もちろん、2015年10

月に行われた国勢調査の対象には皇室は除外されますので、人口統計の中に皇室は含まれていません。

ちなみに、日本の国勢調査は、1920年（大正9年）に第1回が実施されて以来、終戦の年の1945年を除いて西暦の末尾が「0」または「5」の年の10月1日現在で実施されるものです。

日本国憲法第2条では、「皇位は、世襲のものであつて、国会の議決した皇室典範の定めるところにより、これを継承する。」と規定しています。皇室典範第1条には「皇位は、皇統に属する男系の男子が、これを継承する。」とあります。このため、天皇の第1子である愛子さまは、皇位継承の対象になりません。今後、愛子さまがご結婚されて、男のお子様ができても、男系の男子にあたりませんので、皇位を継承することができません。そして、天皇の弟、秋篠宮様の第3子である悠仁さまに皇位継承順位2位が付きますので、秋篠宮家に継承が移って行く可能性が考えられます。

一時期、愛子さまがお生まれになって間もなく（2004年ころの小泉内閣から）、女性の天皇議論（最近では女帝という言葉は使いません）がクローズアップされましたが、最近ではあまり聞きません。今まで126代にわたる歴代天皇では、過去に8人10代の女性天皇が存在しました。全員が男系女子（男系女性天皇）で、女系女子（女系女性天皇）はひとりもいません。皇室典範第1条は、「女系」（血筋）と「女性」（性別）との二重の否定となっているため、伝統を守る必要性とはいえ、男女共同参画社会の批判を避けられないでしょう。

女性天皇があまり積極的に容認されない理由に、皇室が行う「神道儀礼」の問題があるようです。神道儀礼には女性が行うことができない儀礼が多数存在するといわれ、歴代女性天皇もその行事のみは中止していたと言われています。女性天皇否定派からは、皇室の祭祀の伝統を無視するものであるという批判もなされています。また、歴代女性天皇は男系男子天皇と男系男子天皇の間をつなぐ「女帝中継ぎ」のためであるという説が有力ですが、孝謙天皇のように女性皇太子を経て正式に天皇に即位した女性天皇も存在しますから、そうと断定することはできません。

女性を土俵に上げない角界（相撲界）独特の伝統にも似ているところがありますが、奇しくも2004年に、当時の女性知事（太田大阪府知事）の知事杯の授与に関し異議を唱えられ、土俵に上がれなかったことがありました。相撲もかつては五穀豊穣の神事のひとつであったことから、不浄とされる出産に結び付けられ、女性を寄せ付けない伝統ができたのでしょう。しかし、そもそも大地の神は女性であり、五穀豊穣の象徴として女性をかたどった土偶が古代には作られていましたので、いつからか男性中心社会の思惑に従って作られた伝統ということが言えるのではないかと思います。

後の章で、「平等原則」について扱いますが、男女平等については多様な側面があり、タテマエだけでは容易に是正されない難しい問題を含んでいます。

② 天皇の「ご公務」と皇室費

宮内庁のホームページでは、天皇のご公務として、3つの項目が挙げられ、それぞれについて説明されています。（宮内庁 HP：http://www.kunaicho.go.jp/）

○宮中のご公務として：新年祝賀・一般参賀／天皇誕生日祝賀・一般参賀／親任式／認証官任命式／勲章親授式／信任状捧呈式／ご会見・ご引見など／拝謁・お茶・ご会釈など／午餐・晩餐／園遊会／宮中祭祀

○その他、行幸啓など（国内のお出まし）

○国際親善：国賓のご接遇：公賓のご接遇／公式実務訪問賓客のご接遇／信任状捧呈式／ご会見・ご引見など／ご親書・ご親電／在日外交団の接遇／赴任大使・帰朝大使の拝謁・お茶／外国ご訪問

意外と忙しいスケジュースが組まれているのに驚きますが、多様なシチュエーションと地位の人との交流は、精神的にもストレスになるのではないかと思います。私は、天皇になれますよといわれても決してなりたくないですね。

憲法は日本国民に基本的人権を保障していますが、（皇族も同じ人間ですから）普遍的な人間としての人権は別として、国民としての権利については制限があ

40　第3章　天皇の給料（皇室費）は、お仕事にみあっているか

ります。たとえば、選挙権も被選挙権もありませんし、職業選択の自由もない
と言えるでしょう。皇太子が大学時代アルバイトをしたいとの希望がありまし
たが、学習院大学の入試補助員のアルバイトぐらいしかやらせてもらえなかっ
たようです。皇族は別として、皇太子は皇族離脱ができませんし、皇太子の結
婚については首相を長とする皇室会議の承認が要件です。週刊誌で面白おかし
くゴシップを書かれても裁判で相手を訴えることもできません（宮内庁や首相
が代わって提訴することはできるようです）。また、皇室のパスポートは通常のパ
スポートではなく、「皇族」という官職名での公用旅券が発給（運転免許証は苗
字の記載がなく、戸籍欄には「日本国」となっているそうです）されます。

　憲法第88条では「すべて皇室財産は、国に属する。すべて皇室の費用は、予
算に計上して国会の議決を経なければならない。」とされています。この皇室
の費用は、皇室経済法第3条により、「予算に計上する皇室費用は、内廷費、
宮廷費、皇族費」の3つとされています。

　内廷費とは、天皇および内廷にある皇族（独立した宮家を持たない宮廷内部の
皇族）の日常の費用その他内廷諸費（内廷職員の給与）に充当されるために支
出される費用のことで、毎年3億2400万円と規定されています。現在ではその
対象は、天皇と皇后、皇太子、皇太子妃、皇太孫と考えられますので、平成30
年度は3億2400万円を5人で分けていることになります。この支出には宮内庁
の経理に属せず、税金もかかりません。

　宮廷費は、内廷諸費以外の宮廷諸費に充てるもののことで、宮内庁の経理の
対象となる公金扱いになります。儀式、国賓・公賓等の接遇、行幸啓、外国ご
訪問など皇室の公的ご活動等に必要な経費、皇室用財産の管理に必要な経費、
皇居等の施設の整備に必要な経費などに充てられ、平成30年度は、91億7145万
円だそうです。いわゆる「必要経費」に相当します。

　皇族費は、皇族としての品位保持の資に充てるためのもので、各宮家の皇族
に対し年額により支出されるものです。皇族費の定額は法律により定められ、
平成30年度は3050万円だそうです。これは、皇族ごとに皇族費を算出する基礎
となる額で、平成30年度の皇族費の総額は3億6417万円だそうです。皇族費と

して支出されたものは、各皇族の御手元金となり、宮内庁の経理する公金ではありません。皇太子には年間3050万円、皇太子妃の雅子さまにはその半分、愛子さまには10分の1が支給されているはずです。秋篠宮家にも同様に、文仁親王に3050万円、紀子さまに半分、眞子さま・佳子さま、それに悠仁さまには、それぞれ10分の1が支給されていると思われます。また、皇太子の妹、清子内親王（現在は黒田清子）がご結婚の際に支給されたと言われる、いわゆる皇族が初めて独立の生計を営む際に一時金として支出されるものと皇族がその身分を離れる際に一時金として支出されるものとがあります。皇室の収入に当たる、内廷費と皇族費は所得税がかからないそうです。

　おもしろいのは、昭和天皇御崩御の際の相続税はしっかりと徴収されたそうで、課税総額は18億6000万円強だそうです。また、天皇・皇后は御所のある千代田区に、皇太子・皇太子妃は東宮のある港区に、それぞれ住民税を納めてもいるそうです。あなたは、「ご公務」と「皇室費」を比較して、天皇（皇室）になってもいいと思いますか、それとも……。

　最後に、天皇のご公務に関連して、衆議院の解散権の問題があります。

　衆議院の解散をめぐっては、憲法の解釈の対立があります。憲法第7条の第3号に、内閣の助言と承認を必要とする国事行為として「衆議院を解散すること」と規定されています。この、解散は憲法第6章内閣の第69条に規定されている衆議院で内閣が不信任された場合、あるいは信任決議が否決された場合にのみ解散できるとする説（解散69条説）と、権力分立制や議院内閣制を日本国憲法はとっているから、内閣に解散権があるとして、衆議院の解散は69条の場合に限定されない（制度説）というもの、さらに内閣の「助言と承認」に実質的決定権をふくませて、天皇に「助言と承認」を行う内閣が実質的決定権をもつとする（7条説）3つの見方があります。

　実際には、1948年の衆議院の解散では、衆議院の不信任案の可決をうけて解散した解散詔書には、「憲法7条および69条により」と書かれたそうですし、その次の解散では、不信任案の可決によらないで解散が行われ（7条説により行われ）、解散詔書には「憲法7条により」と明記されていたそうです。また、

衆議院の不信任案の可決をうけて、解散に至ったケースが、1953年（吉田内閣）、1980年（大平内閣）、1993年（宮沢内閣）の３回ありますが、いずれも解散詔書には「憲法７条により」と書かれていたそうです。

したがって、実質的には「７条説」により解散は行われているといえましょう。ただ、７条説の中でも解散がいかなる時に行い得るのかについては議論があります。

③　女性宮家

皇室がいずれ消滅してしまうかもしれないと考えたことはないでしょうか。現在独身の女性皇族は愛子さま、眞子さま、佳子さま、彬子さま、瑶子さま、承子さまの６人です。皇室典範第12条では、女性皇族が皇族でない男性と結婚すると皇籍を離れると定めています。つまりこの先、皇室には秋篠宮家の悠仁さまだけになってしまう可能性があります。

皇室の様々な行事や役割を悠仁さまおひとりでこなすのは無理があるでしょう。さらに、悠仁さまは絶対に結婚して男子を授からなければなりません。先に述べたように皇位は男系男子に限るのですから男子が生まれないと皇室は消滅してしまいます。「結婚しなさい」とか「絶対に男の子を」という声は極度のプレッシャーどころか現在ではハラスメント行為になってしまうでしょう。

このことは宮内庁も十分に認識しており、2011年の野田政権の頃から女性宮家創設の検討がされています。女性宮家創設とは、結婚した女性皇族を当主として新たな宮家を創設することです。そしてその新たな宮家に皇室活動に参加してもらうのです。野田政権で示された案はどのようなものだったのでしょう。Ａ案とＢ案は女性宮家を創設する案で、まずＡ案として、女性皇族は婚姻後も皇族の身分は離れず夫と子どもが皇族になる。子どもは婚姻で皇族の身分を離れる。家族が全員皇族になるのでシンプルだが前例はない。Ｂ案は、女性皇族は婚姻後も皇族の身分は離れない、夫と子どもは国民とする。家族の中で身分に違いが生じ、戸籍や氏の扱い、家族間の財産授与など様々な問題が生じる。

そして、C案は、国家公務員案とされるもので女性皇族は婚姻で皇族の身分を離れ国家公務員として皇室活動を支援する。夫と子どもは国民。この国家公務員案には元女性皇族には天皇から新たな「称号」を賜るということも検討課題としてあげられています。ただこのC案は、天皇が国民に特別な称号を与えるのですから、法の下の平等に抵触しかねないという問題があります。A案、B案の女性宮家創設案も将来の女系天皇容認につながるのではないかという根強い反対論があります。

皇室は国際親善や各種の行事でも一定の役割を果たしているのは事実です。いずれにしろこのまま何もしないというわけにはいかない問題です。

④ 日本国憲法で最も大切なものとは何？

「……いちばん大事な考えが三つあります。それは、民主主義と國（国）際平和主義と主権在民主義です。主義という言葉をつかうと、なんだかむずかしくきこえますけれども、少しもむずかしく考えることはありません。主義というのは、正しいと思う、もののやりかたのことです。それでみなさんは、この三つのことを知らなければなりません。」（文部省『あたらしい憲法のはなし』実業教科書株式会社　1947（昭和22）年7月28日参照）

『あたらしい憲法のはなし』に掲載されている挿絵（右写真）には、憲法前文から読み取れる3つの原則について、「民主主義」「國際平和主義」「主権在民主義」をあげています。私たちが小・中学校の公民の時間に教わった日本国憲法の三大原則は、「国民主権」「基本的人権の尊重」「平和主義」でした。あれっと思われた人もいるでしょう。じつは、いわゆる日本国憲法の三大原則は、憲法制定にかかわった憲法学者のひとり、故宮沢俊義東大教授が掲げた3原則に過ぎません。有力な説のひとつではありますが、制定時に決められていたことではありません。文部

省の掲げた主権在民主義（国民主権主義）、民主主義、国際平和主義は、いずれも前文より導かれる政治システム（政治のやり方）を表現したものですので、重要な原則であることは間違いありませんが、民主主義であるためには国民主権であることが必要ですので、ある程度重複している概念とも言えます。民主主義＝国民主権と考えてもいいわけです。

たとえば、民主主義と言っても資本主義（自由主義）ばかりでなく、社会主義や共産主義（社会主義と共産主義の区別もなかなか困難で、単純に言えば、最終目標が共産主義で、そこに至る過程が社会主義と言われています）のように権力集中型（共産党一党独裁）の民主主義もあります。政治制度では共和制や立憲君主制のように国王がいるかいないかの違いの場合もあります。

君主制の国家（外務省は日本も立憲君主制だとしています）では皇帝・国王などの君主、共和制の国家では大統領が元首とされることが通例です。社会主義国ではロシアのような大統領の他、中華人民共和国の国家主席やキューバの国家評議会議長なども元首に該当します。国家元首の慣例とみなされる例については「兵は誰に忠誠を誓うか」や「自国で開催されたオリンピック開会式の開会宣言は誰が行うか」など現実の問題がありますが、日本では前者は総理大臣、後者は天皇ということになっています。

日本の天皇は「象徴」であり、天皇が元首にあたるかどうかは定義によるとされますが、公式見解ではほぼ元首として差し支えが無い（内閣法制局）とされています。今でも憲法学上では有力な反論があり、争いがあるようです。

では、こうした民主主義国家だからといって人権を侵害しないと言えるでしょうか。国民主権は、大雑把に言えば民衆による政治の具体化したものと言えますので、主権が国民にあります。しかし民主主義国家だからといって間違いなく国民の人権が保障されるとは言い切れないのです。ドイツのナチス党のリーダーとなって国を治めたヒトラーの政治（強制収容所での残虐行為）も、議会で成立した法律に従って行われたわけですから（このことは、第二次世界大戦後のドイツの戦後処理裁判であるニュルンベルク裁判で、ナチス党の幹部が「議会による法に従ったまでだ（法治主義）」との反論に対抗し得なかったことを考えればい

いでしょう）。

　主権とは、国家の統治の在り方を最終的に決める力ですから、国民にその力を求めたものと考えることができるだけであって、その判断が必ず善（正しい）というわけではありません。欧州では過去の歴史（革命後の共和制がうまくいかなかったなど）から民主主義にずいぶん裏切られてきました。ですから、アメリカと違って民主主義にそれほど信頼を置いていないようですが、アメリカは市民が決めたことは（時々間違っているかもしれないが）、それも市民の選択という民主主義のひとつであるので、決して悪いことではないと評価する傾向がみられます。

　日本国憲法では、代表民主制（前文）によって国家権力の正当性の根拠を国民に求め、象徴天皇制（第1条）によって国民が主権の究極の行使者であること（正統性）を規定しています。正当性は、その根拠の正しさであり、正統性は伝統的な系統の正しさを表すとされます。ここにおいても、神国ニッポンとしての伝統とその系統とされる天皇が、形式的とはいえ何らかのよりどころ（良いか悪いかは別問題として）となっているということが言えるでしょう。

　以上のことから、当初文部省が解説していたように「民主主義」「國際平和主義」「主権在民主義」の大原理は、民主主義＝主権在民主義であると考えられますので、重複を避け何かひとつを付け加えるとしたら、やはり憲法の最終目標である人権保護を徹底するために「基本的人権の尊重」を入れることになったのでしょう。そして、日本国憲法の三大原則は「国民主権」「基本的人権の尊重」「平和主義」だとなったのでしょう。

　このように、人権がどれほど大切かは、実際に憲法の条文で、繰り返し出てくる内容を追ってみればわかります。それは、「国民の心構えと公権力への憲法遵守義務」の規定です。

第12条　この憲法が国民に保障する自由及び権利は、国民の不断の努力によつて、これを保持しなければならない。又、国民は、これを濫用してはならないのであつて、常に公共の福祉のためにこれを利用する責任を負ふ。

第97条　この憲法が日本国民に保障する基本的人権は、人類の多年にわたる自由獲

得の努力の成果であつて、これらの権利は、過去幾多の試錬に堪へ、現在及び将来の国民に対し、侵すことのできない永久の権利として信託されたものである。
第99条　天皇又は摂政及び国務大臣、国会議員、裁判官その他の公務員は、この憲法を尊重し擁護する義務を負ふ。

　人権は自明のものと考えて甘んじているとすぐに侵害され、奪われるものなのだという戒めと、歴史的に見てもどれだけの同胞の犠牲の上にあるものなのかを今一度考え、将来に向かっても侵害されない努力を続ける必要があること。そして、公権力に対し憲法を守らせようとする強い意思を感じ取れると思います。

　この憲法第99条「憲法尊重擁護義務」について、多くの誤解があるので、少しコメントしておきます。この条文から、憲法という法律の目的や主旨をどのように理解しているかが分かります。たとえば、2012年4月にまとめられた『自民党憲法改正草案』（自民党のHPにある。そこの「憲法改正草案Q＆A」を見ると次のように改正の理由やポイントについて示しています。）には、「日本にふさわしい憲法改正草案とするため……翻訳口答調の言い回しや天賦人権説に基づく規定振りを全面的に見直し……」「天皇の章で、元首の規定、国旗・国歌の規定、元号の規定などを加え……安全保障の章では、自衛権を明定、国防軍の設置を規定し……国民の権利及び義務の章では、国の環境保全、在外国民の保護、犯罪被害者への配慮、教育環境の整備の義務などの規定を加え」、「緊急事態の章を新設し、有事や大災害の時には、緊急事態の宣言を発し……内閣総理大臣が法律に基づいて一定の権限を行使できる……とともに国等の指示に対する国民の遵守義務を規定」、「憲法改正の発議要件……を過半数と改め」緩和したことなどが上げられています。そして、統治機構についてはほとんど手を加えていないようです。

　これをふまえ実際の改正案を見てみますと、一つの特徴が見られます。いわば「平和ボケで、自由と勝手をはき違えた戦後世代の国民に対し、回顧主義的な頑固おやじが、勘違いの一喝を入れている」といったイメージを想起すれば分かり易いでしょう。たとえば、『自民党憲法改正草案』の前文第3段「……

日本国民は、……基本的人権を尊重するとともに……」、第12条「……国民は
……自由及び権利には責任及び義務が伴うことを自覚し……」、102条「全て国
民は、この憲法を尊重しなければならない」などは、国民に対する憲法尊重義
務を課そうという意図が見られます。とくに、第12条などは、おじさんが考え
なしの子どもの行動を叱るときによく使われるフレーズと言えるでしょう。

　本来、憲法という国の基本法は、刑法や民法などの他の法律（国家が国民に
対して守るべきことを規定したもの）と異なり、逆に国や公的機関が守るべきル
ール（公的機関は理由なく国民の人権を侵害してはいけない）を明記したものであ
ることを理解する必要があります。憲法は、国民が守るべきもの、尊重すべき
ものだという認識は、小中学生の公民の暗記レベルと言ってもいいでしょう。
こうした条文の作り方は、過去いかに公的機関が庶民の人権を侵害してきたの
かといった人権の歴史や、憲法は他の法律とは全く異なる最高法規性を有して
いるといった根幹をほとんど理解していない証左と言えるでしょう。

第4章 ウルトラマンは地球を守るために戦う？

　ウルトラマンが始まったのは、今から50年前の1966年。その間、40数体のウルトラマンが作られました。そして、最新のウルトラマンは、「ウルトラマンロッソ」と呼ばれるウルトラ戦士だそうです。　設定は、平和な街、綾香市に湊ウシオが営むセレクトショップ「クワトロM」があり、ウシオの息子兄弟であり主人公の湊カツミと湊イサミがウルトラマンに変身して活躍する物語だそうです。時代背景も、ヒーローの設定も様変わりし、また、映像技術の進歩などによりCGが多用される宇宙規模のバトル番組になっているようです。

1　ウルトラマンと怪獣や宇宙人の戦い

　ウルトラマンは、ウェットスーツを加工したかぶりものとして作られ続け、初期の頃は背中のチャックが映っていたり、頭部の作りも雑で、ラテックス製の口や張り付けた目や耳の部分がいかにもという感じでした。今あらためて見てみると、脚本はかなりしっかりしていて、世相や政治批判の精神が随所に見受けられ、単なる怪獣映画以上の面白味がありました。

　たとえば、第2話のバルタン星人では、故郷であるバルタン星が科学者の行った核実験により壊滅したため、20億3000万のバルタン星人が新たに住むため惑星を探しに宇宙を旅することになり、旅の途中で地球を発見し、乗っていた宇宙船を修理しようと飛来します。だが、その美しさに魅せられて地球人の存在を無視して地球への移住を断行しようとするのです。「母星が兵器開発競争によって滅んだため、移住先を求めて地球にやってきた」という設定は、「ヨーロッパの火薬庫」といわれ紛争の絶えなかったバルカン半島に重ね、「バル

タン星人」という名がつけられたという説があります。

　また、第23話に出てくるジャミラは、宇宙開発競争の時代を批判的に描き、某国が打ち上げたロケットに乗っていた宇宙飛行士が、事故によって水のない惑星に墜落し、救助を待つうちに体が変異し、ジャミラという宇宙生命体に変化してしまうというものです。母国は国際批判を恐れ、事実を隠してしまい、ジャミラ（飛行士）は見捨てられたことを恨み、宇宙船を修理して地球に帰ってきます。もちろんウルトラマンがとどめを刺すのですが、その断末魔には、ジャミラは這いつくばって国際会議場の万国旗を潰し、最後に赤ん坊の泣き声に似た叫びを発します。そして、その遺体は埋葬され、墓標が建てられますが、この墓標をイデ隊員は犠牲者（ジャミラ）に対する人間のエゴにすぎないと吐き捨てるのでした。

　このように歴代ウルトラマンは、その当時の世相を反映してなかなか味のあるストーリー展開が魅力でした。最近では、あらゆる生命に対してやさしく、共生をテーマにしたウルトラマン（コスモス）なども現れました。コスモスは、作品中に登場する怪獣を「人間に害を及ぼす可能性はあるが、基本的にコミュニケーションおよび共存が可能である存在」と定義し、「倒すべき相手」ではなく「地球に棲む人間と等価値の生命体、守るべき存在」として描いています。従来の"怪獣や宇宙生物の脅威から地球を守るために戦う"という単純なストーリーばかりでなくなってきました。

　さらに、ウルトラマンマックスは、娯楽や趣味、価値観が多様化し、失敗や敗北からも辛抱強く何かを学ぼうという姿勢が希薄になっている社会にあわせて、従来よく見られたウルトラマンや隊員の成長過程を描くことはせず、昭和のウルトラシリーズへの原点回帰路線を押し進めたとされています。

　ところで、（初代）ウルトラマンは宇宙と地球の平和を守る「正義の味方」でありました。けれども、はたして本当にそう言い切れるのだろうかと考えると日本国憲法の「平和主義」の素材にもなります。そもそも「正義」を振りかざし、正義の名のもとに戦うというところがいかにもあやしい（ブッシュ政権の「核兵器を隠し持つフセインのイラン」や「同時多発テロに対する正義の報復」

と似ています）実情が隠されているように思えます。

　問題は、「無法な怪獣（宇宙人）」に対して行使するウルトラマンの「暴力」が、「正当防衛」「緊急避難」「超法規的措置」などの理由（違法性阻却事由）に該当し、正当化されるのかという刑事法的問題や怪獣や宇宙人との戦いの最中に破壊された建物や自然は誰が補償するのかという民事的な要素も含む複雑な様相を持つことでしょう。憲法論的には、やはり、「平和のための戦い」は許される戦いなのか、正義のためであるならば、平和を犠牲にしてでも戦うべきなのか、といった哲学的な問題を含んでいます。

　功利主義のベンサムは、「我々が動物たちに苦痛を与えるのが許される理由があるのだろうか。私が考えつくものは何もない。苦痛を与えるのが許されない理由はいくつかある」として、動物にも感覚があり、苦痛を感じることができるので、道徳的に扱われる権利があると説きます。英国の動物保護法の発達の歴史は、ベンサムの影響を大きく受けています。

　動物医によれば、小動物は食物連鎖の中でより大きい肉食動物に食われるので、痛みも未発達に作られていると説明することが多いようですが、本当でしょうか。武者小路実篤は『幸福論』という書物で、人間に痛みを与えたのは、自然が人間を生きさせようとする力だと説明し、痛みがなかったら、人間は簡単に滅んでしまうだろうといっています。病気や怪我で痛みを伴うのは、自然が人間に与えた「生きろ」というメッセージだというのです。これも、真偽のほどはわかりません。

　さて、話を戻しまして、ウルトラマンシリーズ全編を通して、その数1400体を超える怪獣（使い回しもそれなり存在する）が登場し、その巨大さや凶暴さのみが強調され、あえなくウルトラマンの必殺技に敗れ、壮絶な最期をとげるというストーリーが日常でした。約25分で1話完結の鉄則だったのでしょうが、もう少し詳しく怪獣たちをいくつかのレベルに区別して考えることが必要だと思います。

　たとえば、次の5種に分類してみてはどうでしょうか。

○純然たる地球生物としての怪獣：

ひょっとしたら、地球上の最後の１匹かもしれません。WWF（世界野生生物基金）も黙ってはいないでしょう。ワシントン条約の対象とされ、レッドデータブックにも載ることになるでしょう。

⇒　戦うどころか保護されるべき対象と考えるのが普通でしょう。（ゴモラ、レッドキング、アボラス、バニラ etc.）

○宇宙からきた怪獣：

人間を万物の霊長として特権化し、頂点に立つ「地球的倫理」のヒエラルキー構造を解体する恐れがあるかもしれません。そうした不安が、暴力につながることはよくあるでしょう。しかし、そうした問題を解決するためのいわゆる「ダブル・スタンダード」（人間に対しては倫理、その他に対しては別の基準）は、地球外生物に対しては通用するのでしょうか。身体が大きく凶暴であることが滅ぼす理由になるかどうか。

⇒　そうした生物が何を目的に飛来したのかを分析すべきでしょう。（ベムラー、ギャンゴ、スカイドン etc.）

○侵略意図をもった「異星人」：

彼らの知力は人並み以上であるようです。そうなると彼らを人類同等の「人権」の存するものとして扱わなければならないとも考えられます。地球人より科学や文化が発達しているかもしれない生命体に対し、単にセミに似ている（バルタン星人）からといって、セミと同等の動物である保証はないからです。それにもかかわらず、初代ウルトラマン第２話「侵略者を撃て」では、20億3000万ものバルタン星人をスペシウム光線で滅ぼしています。諸説ありますが「南京大虐殺」の数などモノの比では在りません。

⇒　まずはコミュニケーションをとる努力をすべきでしょう。（バルタン星人、ダダ、ザラブ星人、etc.）

○ペットとしての怪獣：

個人の所有物であるなら、勝手に退治していいわけがないでしょう。（エレキングなど）

○人間や動物が怪獣化したもの：

いかに怪獣化したとはいえ、抹殺する必要があるのでしょうか。醜い容姿と巨大化を理由に排斥するのは考えものです。これほど科学の進んだ世の中ですが、生命体をダウンサイジングできる技術はまだないようです。見方によってはウルトラマンこそが怪獣化した「人間」とも考えられます。（ジャミラなど）

> **功利主義**　「最大多数の最大幸福」（J.ベンサム）を満足させるのが正しい行為であるとする考え方。快楽と苦痛を量的にとらえ、それを計算して、最も多く快楽をもたらす行為が正しい行為であるとされる。個人の幸福追求と社会全体の福利向上を両立させようとする発想で、自分さえよければいいという利己主義と同じではない。
>
> **カント主義**　他者を「手段」として扱う功利主義的な考え方を拒否し、他者を常に自己と同等の「目的」として扱う立場。
>
> **動物には功利主義・人間にはカント主義？**　人間は、他人の利益のために利用されたり、犠牲にされてはならないが、動物は、もし利益の方が与えられる損失よりも大きい場合には、その場合にかぎって、他の人々や動物のために利用されたり、犠牲にされてもよい？？？　まあ、仕方ないか……。

さて、ではもう少し具体的な問題を考えてみましょう。

○「ウルトラマンが戦うに際し破壊した建造物の刑事責任、民事責任はウルトラマン自身にあるのか、変身する前の隊員自身にあるのか」

○「正義の味方ウルトラマン」が「地球の平和を守るため」に戦う、という大義名分は、「平和」が大切だと考えるのか、いやいや「正義」の方が大事なのか（どちらを優先するのか）という難しい問題

　前者は、刑事責任としては「緊急避難」、つまり、現在の危難に対して、自己または第三者の権利や利益（生命、身体、自由、または財産など）を守るために、他にとるべき手段が無く、やむを得ず他人やその財産に危害を加えた時、生じさせてしまった損害よりも避けようとした損害の方が大きい場合には犯罪とはならない（違法性が阻却される）というものである、が適用されるでしょう。したがって、罰せられることはないでしょう。しかし、民事責任においては、

被害を受けた側に何の落ち度もないわけですから、相応の損害賠償を負う責任が生じます。一体誰が崩壊したビルの修繕（建て替え）費用を払うのでしょう。その責任は、ハヤタ隊員がウルトラマンに変身をして戦うわけですから、地球人としてのハヤタ隊員に負わせるべきだとも考えられますが、実際には怪獣と戦うのは、ウルトラマンの姿で戦うわけですから、その被害・損害は、当然ウルトラマンに責任があると言えるでしょう。しかし、ウルトラマンは、地球上にその姿で３分間しかいられないので、法廷に出頭することは不可能です。また、ウルトラマンに財産があるとは思えません。被告不在で支払いの判決が出たとしても、「無い袖は振れない」のが現実です。家屋やビルのオーナーは、自らの保険で修繕・建て替えを行う他ないでしょう。

　そもそも、「正義」とは何か（「これからの正義の話をしよう」マイケル・サンデル教授の講義のように）を深く考えてみる必要があるのではないでしょうか。単に正義をふりかざし、正義の名のもとに報復を与えることがいかに無意味なことか、過去の戦争や紛争、民族対立を持ち出すまでもなく理解できるかと思います。しかし、いわゆる「正戦論」からすれば、「正義の戦争よりも不正義の平和を」（キケロ）という絶対的・非暴力的平和主義をとることは、現状の不正義に対する黙従と容認をもって、その不正義に荷担することになると批判をすることになります。

　問題はウルトラマンが「無法な（？）」怪獣（宇宙人）に対して行使する、それ自身「悪」である暴力が、どのような場合に限って、どの程度まで正当化されるかということでしょう。これは、日本国憲法前文および第９条がどのような目的で設定され、国際社会の中でどのように対応する指針でいるのかという問題と共通します。

　そういえば、ウルトラマンでは、科学特捜隊という組織があり、その設立目的が何にあるのか、そもそもどういう組織なのかを見てみなければならないでしょう。

　調べてみると、科学特捜隊は、国際科学警察機構の下部組織で、正式名称は科学特別捜査隊というのだそうです。原則的には怪事件調査の為の組織なのだ

そうで、怪獣との戦闘は特別任務に当たるようです。本部は、パリにあり、各支部はインド、ボリビア、ニューヨーク、ブラジル、ロンドン、モスクワ、トルコ、そして日本に支部を置くことが放送の中に出てきます。日本支部は東京近郊にあり、その隊員の総員はたった5名で、ムラマツ隊長（キャップと呼ばれる）以下、副隊長格のハヤタ隊員、アラシ隊員、イデ隊員、フジ・アキコ隊員となっています。途中からホシノ少年も特別隊員になり、ピグモンにも特別隊員の称号が贈られています。ちなみに、緊急時の電話番号は999だそうです。

　通常は青いブレザーを着用していますが、出動時にはオレンジ色のユニフォームに瞬時に変わり（普段着ている青いブレザーの着衣の下に、そのまま出動時のユニフォームを着込んでいるために、手間のかかる着替えを必要としない設定のようです）、赤いネクタイをつけています。襟につけた流星型のエンブレム（このエンブレムを模したバッチをめぐって漫画『20世紀少年』のストーリーの落ちが作られており、いかに当時の子どもたちの憧れの的になっていたかが窺えます）が通信機になっています。

　どうも科学特捜隊の位置づけは曖昧で、ときおり防衛隊も出動して協力している場合も見受けられます。日本国憲法における自衛隊の位置づけにも似て、かなりの戦力を持ってはいるが戦闘行為に特化している組織ではないとみなされているようです。

　以上の説明の多くは、以下の資料を利用しました。発刊当時は、若手研究者が半分本気で、半分お遊びで書かれた論文形式の書物は初めてのことで、大変もてはやされた記憶があります。その後、幻想科学ものの解説書が多く世に出るきっかけになりました。

「ウルトラマン研究序説」SUPER STRINGS サーフライダー21編著、中経出版

② 平和と正義は両立するか？

　では、日本国憲法に則して日本の平和主義とはどういうものか考えてみましょう。

前文（第2段）
　日本国民は、恒久の平和を念願し、人間相互の関係を支配する崇高な理想を深く自覚するのであつて、平和を愛する諸国民の公正と信義に信頼して、われらの安全と生存を保持しようと決意した。われらは、平和を維持し、専制と隷従、圧迫と偏狭を地上から永遠に除去しようと努めてゐる国際社会において、名誉ある地位を占めたいと思ふ。われらは、全世界の国民が、ひとしく恐怖と欠乏から免かれ、平和のうちに生存する権利を有することを確認する。

第二章　戦争の放棄
第9条
①日本国民は、正義と秩序を基調とする国際平和を誠実に希求し、国権の発動たる戦争と、武力による威嚇又は武力の行使は、国際紛争を解決する手段としては、永久にこれを放棄する。
②前項の目的を達するため、陸海空軍その他の戦力は、これを保持しない。国の交戦権は、これを認めない。

　前文と9条の関係を示すと、

　　　　　前文……　正義＜平和　　　　　　9条……　正義＞平和

ということになります。前文は、何よりも平和であることが大切と言いきっています。日本国民は「平和を愛する諸国民の公正と信義に信頼して、われらの安全と生存を保持しようと決意した」わけですから、軍力をもって牽制することで平和を勝ち取るのではなく、世界中の国々を信頼することで平和を維持しようと考えたわけです。もっとも、何もしないで平和になるわけではありませんから、外交や経済・文化のつながりによって平和を維持しようと決意したわけです。世界から見れば、そんな甘い考えで平和を維持できるとは思えない。単なる理念に過ぎないと思われるでしょう。しかし、こうした理想が、戦後の

日本にとってとても大切なことだったということなのです。とにかく、正義が少々踏みにじられても、対立をせず平和でいることが最も重要なのだと決意したということです。

いっぽう、第9条から導き出されるものは、「正義と秩序を基調とする」「国際平和を誠実に希求する」と言っていますので、国際平和のベース（基盤）は、正義と秩序だということになります。したがって、国際平和だといえるためには、正義や秩序が実現されなければならない、平和であることは、とりもなおさず正義が全うされ秩序のある国際社会である必要があることになります。だから、米国は人権（Human Rights）を侵害する国家に対して正義を振りかざし、武力行使を行うことができるのです。

こうした考え方は、発達心理学の権威者コールバーグが唱えた「道徳性の発達段階」の考えの基盤になっている白人社会の「正義原理」に基づくものだと思います。彼の調査では、1〜6段階の道徳性の発達レベルで、白人の大人の男性は、5段階まで到達するのに、アジアの国の人や女性の場合には3段階で停滞する人が多いとされていましたが、これに対して女性の発達心理学者ギリガンが批判を行い、正義原理のほかに「慈愛」「配慮」「思いやり」といった別の指標があると主張し、文化の違いによる道徳性の発達の違いが認められるようになりました。日本人は、この「配慮」「関係性」（悪い見方をすれば、「しがらみ」や「周囲とのかかわり」が重視され煩わしいかもしれません）をとても大事にする国民であることが文化心理学でも言われています。

したがって、平和に関する考え方も GHQ の民政局が日本人研究をもとに憲法をつくった経緯を考えれば、前文のとらえ方が基盤にあると考えることができるでしょう。実際、9条の規定は多くの人によって修正や追加が行われていますので、マッカーサーの意向とは違った解釈が可能になってしまいました。

従来、第9条の第1項の「国際紛争を解決する手段としては、永久にこれを放棄する」という文言から、放棄したのは「侵略戦争であり、自衛のための戦争まで放棄していない」という説明がよく聞かれましたが、現在はそのように解釈する専門家はほとんどいないようです。国際法上、自衛権はどの国にも認

められているわけですが、それ以前に、「侵略戦争」は当然禁止され、どこの国にもそうした権利（紛争を解決するための力の行使）がないのは自明のことです。ならば、「放棄したのは侵略戦争で、自衛戦争まで放棄していない」という説明が何の意味も持たないことは、すぐに理解できるでしょう。なぜなら、放棄する（捨て去る）ことができるのは、もともと持っていたはずのものです。それが侵略戦争だというのであるならば、日本はもともと「侵略戦争の権利」を持っていたことになってしまいます。それは国際法違反ですので、在り得ません。もともと持っていないもの（侵略戦争の権利）を捨てることはできません。憲法という最も大切な基本法に、そのような規定を設定すること自体がおかしなことでしょう。

であるならば、持ちうる権利、すなわち自衛権さえも放棄した（捨て去った）と解釈するのが自然であり、論理的な解釈の仕方と言えるでしょう。

憲法と自衛権　政府の解釈（防衛省ホームページ　http://www.mod.go.jp/　より）

「我が国は、第二次世界大戦後、再び戦争の惨禍を繰り返すことのないよう決意し、ひたすら平和国家の建設を目指して努力を重ねてきた。恒久の平和は、日本国民の念願です。この平和主義の理想を掲げる日本国憲法は、第9条に戦争放棄、戦力不保持及び交戦権の否認に関する規定を置いています。もとより、我が国が独立国である以上、この規定が主権国家としての我が国固有の**自衛権を否定するものではありません。**」

政府は、このようにわが国の自衛権が否定されない以上、その行使を裏付ける自衛のための必要最小限度の実力を保持することは、憲法上認められていると解しています。このような考えの下に、「**専守防衛を我が国防衛の基本的な方針として、実力組織としての自衛隊を保持し、その整備を推進し、運用を図ってきています。**」と説明しています。

憲法第9条の主旨についての政府見解（防衛省のホームページより）

ア　保持し得る自衛力

我が国が憲法上保持し得る自衛力は、自衛のための必要最小限度のものでなければならない。

58 第4章 ウルトラマンは地球を守るために戦う？

　自衛のための必要最小限度の実力の具体的な限度は、その時々の国際情勢、軍事技術の水準その他の諸条件により変わり得る相対的な面を有するが、憲法第9条第2項で保持が禁止されている「戦力」に当たるか否かは、我が国が保持する全体の実力についての問題である。自衛隊の保有する個々の兵器については、これを保有することにより、我が国の保持する実力の全体がこの限度を超えることとなるか否かによって、その保有の可否が決せられる。

　しかしながら、個々の兵器のうちでも、性能上専ら相手国の国土の壊滅的破壊のためにのみ用いられる、いわゆる**攻撃的兵器を保有することは、これにより直ちに自衛のための必要最小限度の範囲を超えることとなるため、いかなる場合にも許されない。したがって、例えば、ICBM、長距離戦略爆撃機、あるいは攻撃型空母を自衛隊が保有することは許されない。**

イ　自衛権発動の要件

　自衛権の発動は、いわゆる自衛権発動の三要件、すなわち、

①　**我が国に対する急迫不正の侵害があること**

②　**この場合にこれを排除するために他に適当な手段がないこと**

③　**必要最小限度の実力行使にとどまるべきこと**

の三つに該当する場合に限られる。

ウ　自衛権を行使できる**地理的範囲**

　我が国が自衛権の行使として我が国を防衛するため必要最小限度の実力を行使できる地理的範囲は、必ずしも我が国の領土、領海、領空に限られないが、それが具体的にどこまで及ぶかは個々の状況に応じて異なるので、一概には言えない。

　しかしながら、武力行使の目的をもって武装した部隊を他国の領土、領海、領空に派遣するいわゆる**海外派兵は、一般に自衛のための必要最小限度を超えるものであって、憲法上許されないと考えている。**

エ　**集団的自衛権**

　国際法上、国家は、集団的自衛権、すなわち、自国と密接な関係にある外国に対する武力攻撃を、自国が直接攻撃されていないにもかかわらず、実力をもって阻止する権利を有しているものとされている。我が国が、国際法上、このような集団的自衛権を有していることは、主権国家である以上当然である。しかしながら、憲法第9条の下において許容されている自衛権の行使は、我が国を防衛するため必要最小限度の範囲にとどまるべきものであり、他国に加えられた武力攻撃を実力をもって阻止することを内容とする集団的自衛権の行使は、これを超えるものであって、

憲法上許されないと考えている。

オ　交戦権

　憲法第9条第2項は、「国の交戦権は、これを認めない」と規定しているが、我が国は、自衛権の行使に当たっては、すでに述べたように、我が国を防衛するため必要最小限度の実力を行使することは当然のことと認められており、その行使は、交戦権の行使とは別のものである。

いかがでしょうか？　皆さんの解釈と比べて大きな違いがありましたか？　意外とおとなし目の解釈ですよね。これが2014年6月30日までの解釈です。特に、集団的自衛権は憲法上許されないとはっきりと書いてありますね。

　憲法第9条の条文は、解釈がいらないほど単純な文章でありますが、防衛省の言い分は、いまだに「国際紛争を解決する手段としては」という一文に固執しながらの解釈であることがわかります。しかも、現に自衛隊法によって自衛隊があり、安保条約があります。存在の根拠をどこかに見つける必要性があるからです。そのための解釈と考えていいと思います。だからこそ、「自衛隊は違憲だ‼」と言う叫び声だけ上げてもあまり意味がないのです。この理論と現実の矛盾を直視して、どうしたらいいのかを考えるべきなのです。

　さて、2014年7月1日に安倍内閣は集団的自衛権を認める憲法解釈の変更を行いました。この日は偶然にも自衛隊発足60年の日でもありました。

　前述した自衛権発動の三要件を見直し、いわゆる新三要件としました。

① 　我が国に対する武力攻撃が発生したこと、又は我が国と密接な関係にある他国に対する武力攻撃が発生し、これにより我が国の存立が脅かされ、国民の生命、自由及び幸福追求の権利が根底から覆される明白な危険があること

② 　これを排除し、我が国の存立を全うし、国民を守るために他に適当な手段がないこと

③ 　必要最小限度の実力行使にとどまるべきこと

と、なりました。①の急迫不正の侵害の要件が大きく変わりましたね。存立危機事態と言います。日本が攻撃されたことが要件になっていませんよね、つまり集団的自衛権を認めたことになり、自衛隊が海外で他国の軍隊とともに武力

行使が可能になります。安倍首相はこの解釈変更を発表した記者会見で、「現行の憲法解釈の基本的考え方は何ら変わることはない」、「いままでの三要件とほとんど同じ。憲法の規範性をなんら変更するものではなく、新三要件は憲法上の明確な歯止めとなっている」と述べています。はたしてほとんど同じと言えるでしょうか。

　自衛隊が海外で武力行使が可能になるという大転換ですし、もうこのことだけでも大きな違いです。従来は憲法9条を改正しないとできないとされていたことです。だからこそ就任当初の安倍首相は憲法改正をまず成し遂げたかったのです。さらにこの新三要件はかなり抽象的ですので明確な歯止めとは言えないでしょう。存立危機事態がどのような事態なのかは国会の議論でははっきりしませんでしたし、存立危機事態を判断するのはその時の内閣です。安倍首相自身はもしかしたら集団的自衛権をまったく行使するつもりはないのかもしれません。しかし、内閣は必ず将来交代します。この先の内閣が新三要件を謙抑的に運用する保証などどこにあるのでしょう？　集団的自衛権を認める解釈があり、それが法制化されていれば、時の内閣の判断で存立危機事態を判断し、自衛隊を海外へ派遣できるのです。憲法で権力を縛るという立憲主義の危機です。私たちは常に権力者がどこを向いているのかしっかり見極める必要があります。

③　日本国憲法の最大の問題

　今までの理論から、憲法は上位法であり、自衛隊法は違憲であると考えられますが、**現実の世界は法的理論より強いため、今日に至っています。矛盾は、現実の世界ではあり得ず、理論の世界（人間の作った法律）では生じることになるのです。**
　つまり、**憲法上は「一切の戦争を放棄したために一切の戦力も持てない」、自衛隊法においては、「自衛のための権利と自衛力に基づき自衛隊を編成した」。また、国際法として安全保障を締結した安保条約では、「国内に駐留軍を置き、有事の際の発動を規定した」。**これらはそれぞれ同時に成立したものではなく、時間の流れとともに

に成立したものです。しかし、**理論は時間とは無関係に現在議論をする中で同一の場にあります。ゆえに矛盾が生じるのです。**憲法の変遷は、解釈の問題や「理論上の矛盾」ではなくて、「矛盾に関する理論」ともいえるでしょう。

「正義と平和」はどういう関係にあるのか、という問題は、正義があってはじめて平和が存在するのか、平和があるところに正義が存在するのかという問題になるでしょう。

日本国憲法第9条では、「正義と秩序を基調とする国際平和」といっていますから「正義がなければ平和はあり得ない」ということが示されています。平和が正義に優先するということではないのならば、不正なる戦争を撲滅するための戦いは、平和の基調としての正義であるから、自衛戦争もあり得ると言うことになる。しかし、日本国憲法は、無条件平和主義をとっている事を考えれば、正義よりも平和を優先させるべき事になる。平和はいったいどうあるべきなのか……??

以上見てきたように、「人間は人間として平等に扱うが、それ以外の生物に対しては何をしてもよい」という人間中心主義からくる＜地球的倫理＞は、今日、世界中いたるところに存在している人間同士のあいだでの差別からも明らかなように、それ自身、遵守されていないばかりか、そもそも「人間」とそれ以外の生物の間にどのような線引きができるのかという根本的な点で問題を残しているのです。否、相手が純然たる人間の場合ですら、従来の「正戦論」を検討してみればわかることですが、敵を「人間」として認めない、人間扱いしないことこそ、平時では犯罪とされる人殺しが戦争においては正当化される最大の論拠なのです（萩原能久（慶応大学教授）『ウルトラマン研究序説』参照。http://www.law.mita.keio.ac.jp/~hagiwara/ultraindex.html）。

現代の若者の保守化、ネオリベラル化が言われます。これは、戦前の軍国主義や保守主義とは違って、「プチ愛国心」と呼んでいいと思います。サッカーのワールドカップで日本代表を熱狂的に応援する気持ちと共通する感覚でしょう。また、ネオポピュリズムの台頭が心配だとも言われます。どちらも、為政

者が強い強制力や恣意的目的を持ってある方向に向かわせようというものとは違って、それぞれが一見主体的に自己決定を行っているように見えますが、その先には特定の狙いをつけやすい標的があり、無意識のうちに同じ方向を向かせてしまう何らかのエネルギーが働いていることに注意すべきでしょう。

　たとえば、死刑制度を維持する理由のひとつに終身刑との（コスト的）比較があり、終身刑を導入すると私たちの税金で悪人を一生養わなくてはならないから、処刑してしまった方が安上がりだ。という考えがそうです。社会を構成しているメンバーは、その社会の維持のためにあらゆるコストを負っています。しかし、自分はそんなことをしないから、そのための費用を出すのはいやだという考え方です。こうした考え方は、正当性があるようで、実は自分本位の考え方だということに気付きにくいのです。

　最後に、第二次大戦末期に実際にあった「犬の特攻隊」の話です。この資料は、私が住んでいます八王子市の郷土資料館で見つけて、学芸員の方から聞いたり見せてもらった資料をもとに記述しています。

「勝つために、犬の特別攻撃隊を作って、敵に体当たりさせて立派な忠犬にしてやりましょう！」

　食糧不足の中で"無駄飯"を食う犬は「ぜいたく品」でした。「戦場で兵隊が死んでいる時に"おもちゃ犬"を飼うのは非国民だと言われ始めた」というのです。民間のシェパードも「予備軍用犬」として登録され、犬不要の空気は、さらに濃厚になりました。飼い犬に課せられた畜犬税は太平洋戦争が始まった1941（昭和16）年ごろから跳ね上がったそうです。その後、東京市や東京都の公報をまとめた「戦時下『都庁』の広報活動」（東京都刊）によると、1944（昭和19）年当時の新聞が、立川署管内の飼い犬が航空研究所の資材として献納されるというエピソードを美談として伝えていました。毛皮を集めて軍事用の帽子や飛行服など防寒具を作るという用途が喧伝されたそうです。1944年10月の「都政週報」では「犬をつないでおかないと厳重に罰せられます」とも書かれ、11月には「畜犬買上一頭三円」の文字も見受けられたそうです。町内会が警察や役所と協力する「犬の献納運動」は、1944年12月に軍需省化学局長、厚生省

衛生局長の連名で徹底を促す通達が出され、強制力が増したそうです。

八王子市郷土資料館によると、1944年12月の2日間に、八王子市だけで約200匹が供出されたそうです。「隣組回報」には「私達は勝つために、犬の特別攻撃隊を作って、敵に体当たりさせて立派な忠犬にしてやりましょう」と書いてありました。犬の受け付けが始まると、飼い主たちは、泣く泣く愛犬を連れて行きましたが、うわさでは、警察の裏庭に集められた犬が、食べ物も与えられず放置されたらしいとも言われています。戦後、ある人が警視庁の元獣医師に、供出された犬たちはどうなったのか尋ねてみたそうだが、聞かないでくれと口をつぐんだと言います。

戦争という流れに流されることの恐ろしさと滑稽さを感じます……。

犬の献納運動　隣組回報
（八王子市郷土資料館）

第 5 章 自由が先か、平等が先か

1 卵が先か、ニワトリが先か？

　有史以来、私たちの議論の種であった「卵が先か、ニワトリが先か」という問題について考えてみたいと思います。最近では、映画「チキン・リトル」のDVD を発売するディズニーの依頼で、遺伝学者と科学哲学者と鶏卵の流通業者らの間で議論が行われたことがありました。その中で、ノッティンガム大学のジョン・ブルックフィールド教授は「生物が生きている間に遺伝子構造が変化することはないため、ニワトリは生まれたときからニワトリだった」と述べています。ある生き物がその人生（？）の途中で別の生き物になることはなく、もともとニワトリの形質を備えた卵から生まれたということなのでしょう。これに対し、ロンドン大学の科学哲学者デビット・パピノウ教授は、「もしカンガルーが（遺伝子構造の変化により）ダチョウの卵から生まれたとしても、それはダチョウの卵であり、カンガルーの卵ではない」と反論しました。カンガルーの卵というからには、その卵はカンガルーが産んだものでなければならないということなのでしょう。ただ、「卵が先」という結論には同意しているそうです。　結局、結論も曖昧で、答になっていない感じがしますね。もともと、ディズニー映画の宣伝のためのイベントですから仕方がないのかもしれません。この問答は、ニワトリが産んだ卵なのか？　ニワトリが生まれてくる卵なのか？　前提条件を明確にしないと議論が収束しない好例とも言えそうです。

　さて、この問題について進化論を前提に考えるならば、過去のある一点で、「ニワトリ」は「ニワトリ以前のもの」から生まれたはずです。最近の古生物

学の研究では、鳥類は恐竜から進化したものであるということが定説になっています。したがってニワトリは恐竜から生まれた（進化した）ということができます。しかしその際、ある種の恐竜がニワトリの祖先に進化したとしても、ある種の恐竜が卵を生み、その卵から羽化したモノがニワトリの祖先自体になったのか、それともある種の受精卵が発生の間に鶏の祖先になったのかはわかりません。

　だとすると、議論の前提として、「そこからニワトリが生まれるもの」を「ニワトリの卵」と定義するならば、どちらが先かの答は「卵が先」ということになるでしょう。逆に、「ニワトリの産んだもの」を「ニワトリの卵」と定義するならば、自ずと答は「ニワトリが先」ということになります。先の、「チキン・リトル」の論争を整理してみますと、ジョン・ブルックフィールド教授は、「ニワトリが生まれるものをニワトリの卵」と定義し、デビット・パピノウ教授は、「ニワトリが産んだものをニワトリの卵」と定義していることになるわけですから、どちらも「卵が先」というのは間違いで、デビット・パピノウ教授の考え方では、「ニワトリが先」という答えになるはずです。

　つまり、この問題は因果律に関する論理学の問題でも哲学の問題でもなくて、言葉の定義の問題なのです。未来と過去を無限定に引き延ばすことになるので、堂々めぐりになってしまうように思えますが、まず、使用される言葉の定義を明らかにしてから質問をしてみれば、簡単に答えが出る問題だと言えましょう。

　では、同じように「人権」を考えてみることにしましょう。人権を表現するのに必ず出てくる言葉がいくつかあります。たとえば、「個人」、「人間」、「尊重」、「尊厳」、「自由」、「平等」、などがそうです。「人間は平等かつ自由な存在として生まれた」と言われますが、「平等かつ自由な存在」とはいかなる存在のことなのでしょうか。ふつう、平等であるならば、個性やそれぞれの違いを考えずに皆同じ人間として扱うべきでしょう。しかし、自由な存在として個性やそれぞれの違いを認め、多様な生き方を尊重すれば、平等に扱えなくなるでしょう。言葉の使い方でも、「個人の自由」とは言いますが、「個人の平等」とは言いません。「人間として平等」とは言いますが、「個人として平等」とは言

いません。では、「尊重」と「尊厳」はどうでしょうか。

憲法第13条には「国民は**個人として尊重される**」（**個人の尊重**）と書かれていますが、同じく第24条の第2項には「**個人の尊厳と両性の本質的平等**」と書かれていて、表現が違います。多くの憲法学者は、あまり気にしていないようで、13条にも「個人の尊厳」とタイトルを打つ人もいます。

これに対して法哲学者のホセ・ヨンパルト博士は、著書『日本国憲法哲学』の中で、明確にその違いを述べています。詳細は、後で説明することにしましょう。

さて、ちょっと難しくなりそうなので、ここで少し易しい素材を使って、言葉のおもしろさと定義の大切さを見て行きたいと思います。

「やぎさんゆうびん」（作詞：まどみちお）という童謡があります。誰もが知っている歌なので、誰もが意味を解って歌っているのかと思うと、意外とそうではないようです。

1	白ヤギさんからお手紙着いた	2	黒ヤギさんからお手紙着いた
	黒ヤギさんたら読まずに食べた		白ヤギさんたら読まずに食べた
	仕方がないのでお手紙書いた		仕方がないのでお手紙書いた
	さっきの手紙のご用事なあに		さっきの手紙のご用事なあに

※以下1番と2番を延々と繰り返す。［JASRAC　1014286-001］

この童謡の主人公白ヤギさんと黒ヤギさんは、その対称的な外見の特徴を持ってはいますが、いずれのヤギも、手紙を「読まずに食べ」てしまってから、「さっきの手紙のご用事なあに」という同じ文面の返信を書いています。そして、その後同じ行為が交互に延々と続くという歌詞内容になっています。これはどういうことでしょうか。対照的な白と黒をモチーフにしながら、重要と思われるやぎの体色の違いを繰り返しによって打ち消してしまっています。結局、白であろうが黒であろうがどちらが先であろうが何ら不都合のない状況、繰り返しによって、その対称性の中に非対称をもたらしてしまっているようです。

そもそも、「なぜ、白ヤギさんも黒ヤギさんも、お手紙を読まずに食べてし

まうのか」という点と、「白ヤギさんによる第1通目の手紙には何が書かれていたのか」という重要な疑問からなぞ解きをして行かなければなりません。

前者の疑問「なぜ、白ヤギさんも黒ヤギさんも、お手紙を読まずに食べてしまうのか」については、「ヤギだから」という単純明快な答えができます。しかも「読まずに食べた」のは、空腹のせいであり、読む間もなく食べてしまったと言うのです。なるほど、だから「その食べてしまった手紙に書かれていたのはなあに」と手紙を書いたということになります。

しかし、よく考えてみてください。白ヤギさんが空腹で、届いた手紙を食べてしまったのなら、黒ヤギさんに書いた手紙（その他にも便せんが数枚あるはずで）は、なぜ食べなかったのでしょう。これは、黒ヤギさんにも言えることで、手紙を読まずに食べるほど飢えているのなら、なぜ自分の手持ちの白紙の便箋を食べないのかということです。しかも、ちゃんと返信をしているのですから、手紙の差出人を知っていながら届いた手紙を食べたことになります。

こう考えると、「読まずに食べた」のは、空腹のせいではなく、何らかの理由があったことになります。では、承知のうえで「読まずに食べた」とすれば、なぜ「さっきの手紙のご用事なあに」などという悠長な返信を出したのでしょうか。そして、なぜ両者の間にこの繰り返しが幾度となく行われることになったのでしょうか。この疑問を解くために、まずこれまでの問題点を整理してみましょう。

1）白ヤギさんも黒ヤギさんも、相手の手紙を、差出人を確認しながらも「読まずに食べ」ている。

2）食べたあとで「さっきの手紙のご用事なあに」という、あたかもうっかり（過失によって）読み損ねたともとれる返事を出している。

これらから導き出せることは、「読まずに食べた」のは相手の手紙を「読みたくない」あるいは「読んではならない」と考えているからではないかということでしょう。しかし、「読みたくない」手紙ならば、わざわざ返事を出す必要などないともいえます。しかも、こういった悠長な文句の返事を書くということは何を意味するのでしょうか。思うに「あなたの手紙は確かに受け取りま

したが、読んでないので内容は知らない」という意思表示なのではないでしょうか。ヤギさん同士にとって、何らかの理由で相手にそういった意思を伝える必要があったのかもしれません。

したがって、次の疑問は「読んではならず」かつ「返事を出さねばならない」理由は何かということになります。この理由はおそらく、１通目の白ヤギさんからの手紙の内容に答えがあるのではないかと思われます。なぜなら、事の始まりは、白ヤギさんからの手紙であり、その手紙を知っていて食べたにもかかわらず、内容を知らないと返信するという状況は、いったいいかなる状況なのかということです。シチュエーションから考えられることは、おそらく白ヤギさんと黒ヤギさんは異性であり、相応の親しい関係ではないかということです。

そして、たとえば白ヤギさんから結婚のプロポーズの手紙が届くことを知っていて、それを受けることができない黒ヤギさんがいるということです。結ばれない恋に葛藤する黒ヤギさんは、白ヤギさんとそのご家族に迷惑をかける可能性があり、決して読むことができない手紙を無視するわけにもいかず、とぼけた返信を出さざるを得なかったのでしょう。いっぽう、白ヤギさんにしても、お互いの恋の事情はわかりきっているだろうから、返事に何が書かれているのかの見当はつくでしょう。傷つくのを恐れて、こちらも読むわけにはいかないけれど、愛する黒ヤギさんからの手紙ですから、このまま関係が途絶えてしまうのも悲しいので、返事を出してしまうのです。そして、内容は「さっきの手紙のご用事なあに」という空々しい文面にならざるを得ないのでしょう。この２匹の実らぬ恋の関係は、誰もが涙せずにはいられない、現代版ロミオとジュリエットだったのです。

かなりの妄想が入った解釈でしたが、対称の中の非対称、明確性の中の曖昧さ、過失（うっかり）の中にある明確な意図（故意）といった、言葉で編みあげられた事物の意味は、その前提となる言葉の定義や置かれたシチュエーションや人間関係によってまったく逆になる場合があるということです。人は社会的動物ですから、社会の中でのその人らしさ（意味づけ・存在意義・アイデンテ

ィティー）は、自らが決定づけるのではなく、周囲の人との関係や社会の中での立ち位置によって、他人が評価して決まってしまいます。人間としての平等な位置づけ（役割）の場合と、個性を持った存在としての自由な私個人の位置づけ（役割）の場合とはまったくちがった存在として評価されることになります。白ヤギも黒ヤギもストーリーの流れの中で、個人（個別の存在）として認識されながら、取り換えがきくものに変わってしまっています。

　自由と平等は両立しうるものとされますが、実はコインの表と裏のように、両方を表にすることができない存在なのです。人は、人間であることを基本にすればみな平等であり、個性ある個人とみなせば自由な営みが可能となるのです。

2 個人の尊重と人間の尊厳はどう違う

　憲法第13条の「個人の尊重」と第24条第2項の「個人の尊厳」、さらには第14条の「平等原則」（小・中・高校で学習した「平等権」は言い過ぎで、具体的な権利と考えるよりも、様々な人権の根底に流れる重要な基本原則としてとらえる方が理にかなっています）を、言葉の定義を含めてとらえ直してみる必要があると思います。条文をもとに何が違い何が共通するのかを解き明かして行きましょう。

article 13.
All of the people shall be respected as individuals. their right to life, liberty, and the pursuit of happiness shall, to the extent that it does not interfere with the public welfare, be the supreme consideration in legislation and in other governmental affairs.
第13条
すべて国民は、**個人として尊重される**。生命、自由及び幸福追求に対する国民の権利については、公共の福祉に反しない限り、立法その他の国政の上で、最大の尊重を必要とする。
article 24.

Marriage shall be based only on the mutual consent of both sexes and it shall be maintained through mutual cooperation with the equal rights of husband and wife as a basis.

With regard to choice of spouse, property rights, inheritance, choice of domicile, divorce and other matters pertaining to marriage and the family, laws shall be enacted from the standpoint of individual dignity and the essential equality of the sexes.

第24条

婚姻は、両性の合意のみに基いて成立し、夫婦が同等の権利を有することを基本として、相互の協力により、維持されなければならない。

２．配偶者の選択、財産権、相続、住居の選定、離婚並びに婚姻及び家族に関するその他の事項に関しては、法律は、個人の尊厳と両性の本質的平等に立脚して、制定されなければならない。

article 14.

All of the people are equal under the law and there shall be no discrimination in political, economic or social relations because of race, creed, sex, social status or family origin.

Peers and peerage shall not be recognized.

No privilege shall accompany any award of honor, decoration or any distinction, nor shall any such award be valid beyond the lifetime of the individual who now holds or hereafter may receive it.

第14条

すべて国民は、法の下に平等であって、**人種、信条、性別、社会的身分又は門地により、政治的、経済的又は社会的関係において**、差別されない。

２．華族その他の貴族の制度は、これを認めない。

３．栄誉、勲章その他の栄典の授与は、いかなる特権も伴わない。栄典の授与は、現にこれを有し、又は将来これを受ける者の一代に限り、その効力を有する。

まず、「個人」と「人間」の違いについてです。どちらも人に関する言葉ですが、反対概念と比較してみると明らかになります。

　　「個人」　⇔　全体、グループ、社会、共同体

　　「人間」　⇔　動物、植物、物、神

個人は全体に対しての一部、個別の単位という意味で、人間は、人間以外のものとの対比として使われます。英語では、individual　と　man（human）のように別の単語で、語源に違いがあります。individual　は、日本語の「個人」のように人間だけに使われるわけではなく、単に分割できないもの、個別性という意味です。また、man（human）は、「人間が自由に自分をつくり上げる可能性を持つ存在である」から、人格（person）ある存在として平等に扱われるべきだという意味で使われます。

　アメリカ合衆国憲法では、man（人間）は一度も使われませんが、人格（person）は、37回出てきます。また、ドイツのボン基本法（憲法）では、第1条に「人間の尊厳は不可侵である。これを尊重し、かつ、保護することは全ての国家権力の義務である」そして「ドイツ国民は、それゆえに世界における各人間共同体、平和及び正義の基礎として、不可侵の、かつ譲渡し得ない人権を認める」としています。第2条では「各人は他人の権利を侵害せず、かつ、憲法的秩序又は道徳率に反しない限り、その人格の重要な発展を目的とする権利を有する」そして、「これらの権利は法律の根拠に基づいてのみ、これを侵害することが許される」と規定されています。

　おもしろいのは、第1条では人間の尊厳に対する尊重の規定がなされ、この尊厳性に対しては制限規定がないのに対して、第2条では、個人の自由の尊重は正当な理由によって侵害することがありうるということです。社会の中では個人の自由は最高の価値ではないので制限されることもあると言うのです。この第1条は「人格主義」とも呼ばれ、第2次大戦におけるナチスの残虐行為に対する反省から生まれたものと言われています。

　日本では、この第13条の規定が、1946年2月9日のGHQ内部小委員会案にあったように「……人間であるがゆえに個人として尊重される」あるいは、マッカーサー草案のように"by virtue of their humanity"と表現されていれば、「人間の尊厳」の意味を持ちドイツ流「人格主義」と言えますが、現行憲法の第13条は「個人として尊重される」ですので、「人間社会の価値の根源が個人にあるとして、何にも勝って個人を尊重しようとする原理」つまり、アメリカ型の

72　第5章　自由が先か、平等が先か

「個人主義」が根底にあることがわかります。制定過程から考えても、いわゆるマッカーサー三原則のひとつであった「日本の封建制度は廃止される」からつくられているのは明らかですので、やはり憲法第24条第2項の「個人の尊厳」は「個人の尊重」の意味であって、「人間の尊厳」では決してありません。婚姻関係の法律の制定に関して、「個人の（中に存在する人間としての）尊厳」を尊重すべきだとは言えますが、婚姻を「人間の尊厳」にまで深めて考える必要はないでしょう。婚姻関係は人それぞれ様々であって、個人としてその違いを尊重すべきという意味でしかないでしょう。

　尊厳を持つ人間の自由には、その尊厳に内在する制限（道徳律）しかありませんが、個人としての自由には、他の個人の自由によって、平等に制限される法律が制定されることになります。まとめると、

　　　個人―尊重―自由―制限可
　　　人間―尊厳―平等―不可侵
ということで、日本国憲法に規定された第24条第2項の「個人の尊厳」は、「個人の尊重」という意味であり、厳密に言うと言葉の意味を誤用していることになります。ドイツ憲法のような、深い意味を持った「人間の尊厳」（人格主義）に該当するものではありません。もっとアメリカンで自由と多様性を重んじる意味でしかないと思って結構です。

③　平等原則と個人の自由

差別の定義の例　　差別とは、個人に帰することができない根拠に基づいた有害な区別である。つまり社会的、政治的ないし法的な関係において正当化できない結果をもたらすような根拠（皮膚の色、人種、性など）、あるいは様々な社会的カテゴリー（文化的、言語上、宗教的、政治的意見その他の意見、民族系列、社会的出身、社会階級、財産、出生または他の地位）に所属しているという根拠に基づいた有害な区別である。（国連人権委員会『差別の主要なタイプと原因』→三橋修「差別の定義をめぐって（序）」年報差別問題研究1）

③ 平等原則と個人の自由　73

●平等権と平等原則

　　平等権………個人の側からとらえた場合の人権

　　平等原則……国家の側からとらえた場合の原則（憲法ではこちら）

　「平等権（こう呼ぶとした場合）は、常に他者との比較（相対的概念）においてのみ成り立つものですので、実体的な権利性を持たない権利（具体的内容がない権利）となってしまいます。そこで、平等権はそれ自体としては無内容であり、単一の権利概念としては成立しえないので、憲法14条は様々な人権の根底に流れる平等原則を定めたものと解する方が実効的」だと言うことです。

●憲法第14条の内容

1）平等原則

　平等規定は、特定の人または集団に対して、特定の特権を付与することを禁止する法原則。　→平等規定は、実体的権益が特定の者に偏って配分されていない、という「状態」を保障しようという客観的法原則です。

2）「立法者拘束説」

　14条は、法を執行する機関に法適用の平等を求めているに止まるという考え方（立法者非拘束説）もありますが、法内容を拘束しなければ法適用の平等だけ確保したとしても、「平等」な法状態は確保されないので、立法者拘束説（多数説）が通説と言えましょう。

3）14条後段列挙事由の意味

例示説（最高裁）：当該区別が差別に当たるか否かは、事案ごとに検討するしかない。検討に当たり、違憲の主張をする側に、当該区別に合理性がないことを立証する責任がある。

代表的例示説（多数説）：列挙事由は、合理性のない区別の代表例。当該事由による区別は不合理であると推定され、これに対して国家が合理的であることの立証責任を負う。

　　※形式的平等と実質的平等／機会の平等と結果の平等

　　※最高裁判所も「合理的根拠のある区別は憲法が禁止する差別ではない」

74　第5章　自由が先か、平等が先か

とする。

●憲法第14条（法の下の平等）の意味

1．人　種

「人種」とは、人間の生物学的分類を指す。

歴史上われわれは、人間のもつ生物学的特徴をいたずらに誇張し、様々な烙印・偏見をもってみがちだった。　→「偏見」に基づく法律は、合理的な区別に該当しないと思われる。

［裁判例］

・株式会社の取締役・監査役の資格を日本人に限定することを合憲と判示した。（名古屋地裁昭和46年4月30日判決、判時629号28頁）　→国籍による区別は人種による差別ではない。

・公衆浴場における外国人の入浴拒否に不法行為に基づく損害賠償責任を認めた。（札幌地裁平成14年11月11日判決、判時1806号84頁）。　→帰化した者にまで入浴を拒否したのは、外見に基づき「日本人」と「外国人」を区別したもので、国籍による区別ではなく、人種による差別に当たる。

2．信　条

「信条」とは、宗教的信仰心、体系的な世界観・政治観、単なる政治的意見など、人の内心に起因する様々な「態度」のことである。

ちなみに、労働基準法3条は私企業において使用者が労働者に対し、信条を理由として差別的な取扱いをすることを禁じています。

3．性　別

「性別」による区別の類型

○生物学的な「性」による区別：男女の生物学的な性の違いに対応した処遇は、実質的平等のためであると考えられる。　→合憲性の推定がはたらく。

例：出産休暇、生理休暇など。

○身体的・心理的な特性である「ジェンダー」による区別：この理由による区別は、一部合理的、一部不合理であるように思われる。　→合憲性の推定が

排除される（中間審査基準の適用）

例：女性の重労働・深夜労働禁止　→雇用機会均等法

○「ジェンダー・イメージ」に基づく伝統的社会的役割論：これこそ、歴史的・文化的偏見に基づく差別。　→この類型が法上用いられた場合には「違憲の疑いのある類型」とみて、厳格審査基準が採用されるべき（違憲性が推定される）。

　［裁判例］

・女性に対してのみ 6 ヶ月の待婚期間を定めている民法733条の合憲性。女性のみ出産可能であるという点で、生物学的性に基づく区別といえる。立法目的は、嫡出の推定の重複を回避するという、正当または重要なものである。→最高裁平成 7 年12月 5 日第 3 小法廷判決（判時1563号81頁）は、合理性テストを適用し、合憲判決を下している。

4 ．社会的身分

　「社会的身分」とは、「自らの自由意思では脱却できない閉鎖的で序列的な地位」のこと（カースト制内における地位がその典型例）。「社会的身分によって差別されない」とは、産まれてみたら私たちの社会的地位が国家により決定されていた、という状態を排除する趣旨。

　［裁判例］

・非嫡出子の法定相続分を嫡出子の 2 分の 1 とする民法900条但書の合憲性
　←最高裁平成 7 年 7 月 5 日大法廷決定は、民法900条但書の立法目的を「婚姻家族の保護」ととらえて、法律上の配偶者間に産まれた嫡出子とそうではない非嫡出子を区別することは合理的区別に当たり、前者を保護すると同時に後者の利益にも配慮するために法定相続分をどの程度に定めるかは立法府の裁量の範囲内である、と判示した。

5 ．門地

　「門地」とは、出生によって決定される社会的身分のうち「家柄」を指す。憲法は14条 2 項により、家柄による差別の典型例である貴族制度を廃止している。皇族の特別処遇は、憲法自身が認めた例外的地位である（具体的な法令は、

76   第5章　自由が先か、平等が先か

皇室典範による）。

6．列挙事由以外の平等問題

1）尊属殺重罰規定

　尊属殺重罰規定違憲判決は、あまりに有名な事件なので、ご存知の方も多いと思いますが、事件当時もほとんど詳細が伝えられなかった事件なので、その概要をまず記しておきましょう。

栃木実父殺し事件

　1968年10月5日、被告人の女性（当時29歳）が実父（当時53歳）を絞殺したという事件です。殺害の日まで被告女性は被害者実父によって10日間にわたり自宅に監禁状態にあり、最終的に口論の末に殺害したものです。しかし、検察が被告人の家庭環境を捜査したところ、被告人が14歳の時から実父によって性的虐待を継続的に受けていたことがわかり、しかも近親姦を強いられた結果、親娘の間で5人の子（うち2人が幼いうちに死亡、他にも6人を妊娠中絶している）を産む夫婦同様の生活を強いられていたことがわかりました。この時、被告人は医師からこれ以上妊娠すると身体が危ないと説諭され、不妊手術までも受けていたそうです。被告人がその境遇から逃げ出せなかったのは、自分が逃げると同居していた妹が同じ目に遭うことを恐れたためでした。その後、被告女性は職場において、7歳年下の恋人ができ、正常な結婚をする機会が巡ってきたので、その男性と結婚したい旨を実父に打ち明けたところ、怒り狂い被告女性を監禁してしまいました。その間も実父は被告女性を弄んだあげく、罵ったため被告女性は思い余って腰ひもで実父を絞殺するに至ったというものです。被告女性は犯行時に心神耗弱状態にあったとも考えられ、情状酌量される事情が十分あったことも重要です。報道機関はこのような事情を把握していましたが、常軌を逸している事情であったため当時ではほとんど報道されなかったようです。

　　＜裁判の結果＞

　1審の宇都宮地裁では、刑法200条を違憲とし、情況を考慮した上で過剰防衛であったとして刑を免除しました。しかし、検察側の控訴により、2審の東京高裁での判断は、同条は合憲であるとした上で、殺害以外にとりうる手段がないとはいえず、過剰防衛は成立しないとして実刑判決を言い渡しました。裁

判所も、量刑に関しては最大限の減刑を行い、未決勾留期間（逮捕されてから裁判が終わるまでの拘束期間）のすべてを算入して懲役3年6月としましたが、執行猶予を付けるには、減刑後の言い渡し刑が3年以下であることが原則ですので、どんなに頑張っても実刑は免れないことになりました。

　そして、最高裁の判断が、ここで言う「尊属殺重罰規定違憲判決」となります。最高裁判所はこの判決以前、多年にわたって尊属殺重罰を違憲と主張する上告を否定し、合憲との判断を続けてきました。しかし、最高裁は、尊属殺に関する規定を殺人罪と別途に設けること自体は違憲とはしなかったものの、執行猶予が付けられないほどの重い刑罰のみしか言い渡せない法定刑は違憲とするものでした。結局最高裁は、刑法199条（普通殺人）を適用し、心神耗弱の状態での行為として減刑し、さらに犯行後直ちに自首したことで、懲役2年6月、執行猶予3年を言い渡しまし。

　尊属殺人罪の尊属とは、直系尊属のことで、自分や配偶者の父母、祖父母、曽祖父母をさします。尊属殺人罪（刑法200条）の刑罰に、死刑と無期懲役しかなかった理由は、親は子を大事に育て、子はその親愛関係を裏切って殺害するなどということは言語道断であり、儒教精神に反する酷い犯罪であると考えられていたからです。

　裁判では事実認定に争いはありませんでしたが、各審級裁判所での量刑において、被告人を実刑に科すことが必要だとは言えないのではないか、誰しも思っていたことが違憲判決の出される根底にあったと考えられます。また、被告の弁護人を務めた大貫大八氏は、国選弁護人としてではなく、わざわざ無報酬の私選弁護人として担当したということも大きな要因と言えましょう。その理由は、国選だと控訴、上告の度に弁護人を選任し直されるため、弁護方針が一貫できないとして解任を危惧したためです。実際は、上告審の途中で大貫大八氏が健康を害し、息子の正一氏が裁判を引き継ぎました。最近の弁護士過剰時代（受難時代）においては、なかなかこうした気骨のある弁護士が育たないようですが、ちょっとさみしい時代ですね。

最高裁昭和48年4月4日大法廷判：旧刑法200条は、憲法14条1項に違反する（法令違憲）。尊属に対する尊重報恩という社会の道義的基盤は刑法上保護に値する法益であるので、「尊属／卑属」を法上区別し、尊属殺人罪に一般殺人罪よりも重い刑罰を科すことも容認される。が、尊属殺人罪の法定刑を死刑および無期懲役に限定している旧刑法200条の規定は、一般殺人罪について定める刑法199条に比して、あまりにも重すぎるので、憲法14条1項に反しているといえる（多数意見の多数派）。尊属に対する尊重報恩を維持するという立法目的自体が旧家族制度的倫理観に基づくものであるので、14条違反に当たる（多数意見の少数派）。

２）議員定数不均衡

　私の投じた1票が、他の人が投じた1票と、代表選出過程に与える影響力が等しいことを「1票等価」と言います。議員定数不均衡は、選挙区選挙制のもとで発生した「地域による差別」と言えます。通説・判例の立場は、この「地域による差別」が合理的区別の範囲内であるかどうかを判断する、という立場をとっています。

　以下の場合には「地域による差別」が許容されると判断されます。
①地域間格差が1対3（最高裁）、1対2（多数説）の範囲に止まっている。
②格差発生原因が、地理的条件、過疎過密問題、行政区画、歴史的事情などである。

　一票の格差に関しては、最高裁は、衆院選で3倍未満、参院選で6倍未満を容認してきました。最大5倍の格差が生じた、2010年7月の参院選に対する選挙無効を求めた2つの裁判では、11月17日の午前と午後で、東京高裁の判断が分かれました。午前の裁判では合憲、午後の裁判では違憲と判断されましたが、どちらも弁護士グループが、鳥取と神奈川の一票の格差が5.004倍となったことへの無効請求訴訟でした。

　参院選では、5倍というのが、微妙なボーダーラインとなってきているということなのでしょう。

衆議院／参議院／地方議会

最高裁は、衆議院については、比較的厳密な人口比例を要請しているように思われる（前記昭和51年最高裁判例）。ただし、参議院については、参議院が事実上都道府県代表という地域代表的機能を有し、また半数改選という衆議院とは異なる選挙制度を取っているために、厳格な人口比例主義はとれない、と考えているようである。このことは、最大較差が１対6.59にまで達していた昭和61年の参議院選挙について、違憲の問題が生じるほどの不平等状態が生じているとしながらも、なお改正手続をとるための「合理的期間」内にある、と判断した最高裁平成８年９月11日大法廷判決（判時1583号３頁）に現れている。

地方議会は定数が法定されており、地方自治法上、均衡した議席配分が義務づけられているため、国政選挙の場合より、立法機関の裁量の範囲は狭いものと思われる（最１判昭59・５・17民集38巻７号721頁参照）。

衆議院

判　例	最大格差	投票価値の平等に反するか	合理的期間内に定数是正がなされたか	備　考
最大判明51年４月14日	１：５	反する	なされなかった	事情判決の法理を用いて選挙自体は有効
最大判昭和58年11月7日	１：3.94	反する	なされなかったとは断定できない	
最大判昭60年７月17日	１：4.40	反する	なされなかった	事情判決の法理を使用
最判昭63年10月21日	１：2.92	反しない		
最大判平５年１月20日	１：3.18	反する	なされなかったとは断定できない	
最判平７年６月８日	１：2.82	反しない		

参議院

判　例	最大格差	投票価値の平等に反するか	合理的期間内に定数是正がなされたか	備　考
最大判昭39年２月５日	１：４	反しない		立法政策の当否の問題とした
最大判昭58年４月27日	１：5.26	反する		
最大判平８年９月11日	１：6.59	反する	なされなかったとは断定できない	投票価値の平等の要求は，人口比例主義を基本とする選挙制度の場合と比較して一定の譲歩，後退を免れないと解さざるを得ない，とした。
最判平10年９月２日	１：4.81	反しない		
最大判平12年９月６日	１：4.98	反しない		

80   第5章　自由が先か、平等が先か

●憲法判断の指針

＜自由権に関して平等原則違反がある場合＞

　通常その規定や処分を違憲・無効とすることで差別が解消される場合。たとえば、尊属殺重罰規定が平等原則違反の場合、その規定を違憲・無効とすることで差別が解消され、実質的な公平性が回復されます。

＜社会権や国務請求権に関して平等原則違反がある場合＞

　通常その規定や処分を違憲・無効としたのでは、かえって実質的な救済にならない場合があります。この場合、差別の解消のためには、国による立法措置が必要となります。具体的には、裁判所としては違憲の確認にとどめるべきなので、後は立法府の措置を待つべきであるということになります。例えば、社会保障に関する請求権が、法律上特定のグループについてのみ規定されていない場合などは、あらたに国会に法案を提出する必要があります。

　選挙の無効請求の裁判においては、「違憲だが、選挙を無効とした場合の公の利益の著しい障害」を考慮に入れて、棄却されることが多いのも、上記の指針によります。国会における定数配分見直しの議論によるから、公職選挙法の改正案成立を待つことになるでしょう。

　最高裁は、衆院選で3倍以上、参院選で6倍以上の格差が生じた場合に、違憲または違憲状態とする判断を示してきましたが、格差が2.3倍だった平成21（2009）年の衆院選についても、平成23（2011）年に違憲状態との判断を下しました。そして、「1票の格差」が最大2.43倍だった2012年12月の衆院選について、弁護士グループが選挙無効を求めた訴訟の判決が2013年3月に、名古屋高裁金沢支部（市川正巳裁判長）と福岡高裁（西謙二裁判長）でありました。高裁金沢支部は「違憲」と判断し、福岡高裁は「違憲状態」にとどめたようです。しかし、選挙無効の請求はともに棄却したため、原告側は即日上告したという報道が最新のものです。要は、較差が違憲と評価される基準を超えていたからといって、すぐに違憲判決が出されるわけではありません。「違憲状態」という言葉を耳にした方も多いと思いますが、違憲判断が出されるには、この「違憲状態」が「合理的期間」内に是正されなかったことが必要になります。定数配分

が投票価値の平等を侵害する状態になっていたとしても、それを是正するには
どうしても調査や立法作業に一定の期間が必要となります。だから、その期間
が経過するまでは、立法府（国会）の裁量を尊重して、「違憲状態」ではあっ
ても「違憲判決」は出されません（つまり合憲判断になります）。

第6章 大岡政談にみる黙秘権と無罪の推定

1 直助・権兵衛事件——大岡政談

お白洲に引き出された男は、「濡れ衣です、わたしは医師殺しの直助ではありません。麹町の米搗きの権兵衛です」と言い張りました。ついに大岡越前守は冤罪を認め、金子五両を差出し、「いかにも権兵衛、その方は科もなき者なるを役人が捕り違えて、これまで吟味に及びしこと、気の毒の至りなり。さだめし、体も弱り、手足も利くまじ。さればこのままに帰しては当分さぞ難儀なるべし。よって金五両※取らせつかわすは、これにてよくよく療治をなし、渡世をいたせ」と申し渡したのでした。

打ち首を覚悟していた男にとっては、釈放された上に小判5枚を貰うとは夢のような出来事でありました。有頂天になり、われを忘れるのも無理はありません。縄を解かれて、お白洲の戸口にいそいそと向かった時、突然、縁の上の大岡越前守から名を呼ばれるのです。「こりゃ、直助！」（元の名前）

そう呼ばれて、まだ何かうれしいことがあるのかと思い、男は「はい」と振り向いてしまったのです。

これは、いわゆる『大岡政談』の1節です。この後、話は「小塚原において、ついに磔にこそ行われけれ」と結ばれています。現在でも、警察の取り調べで時々行われているようですが、いわゆる「かまかけ」のことでしょう。もし、裁判官が被告人に対しこのような問いかけをしたら、動かぬ証拠とすることが

※5両は今の金額でいうと30〜50万円くらいでしょうか。

できるのでしょうか。おそらく、決定的な証拠とすることはできないでしょう。

　たとえば、「こりゃ」と呼ばれたので私のことかと思ったなどと説明すれば、それほど不自然なことではないし、そもそも裁判官は被告人のことを犯人の直助だと予断を抱いて尋問をしていることになりますので、憲法や刑事訴訟法の原則（無罪の推定）に反することになるかと思われます。

日本国憲法
第31条　何人も、法律の定める手続によらなければ、その生命若しくは自由を奪はれ、又はその他の刑罰を科せられない。
第33条　何人も、現行犯として逮捕される場合を除いては、権限を有する司法官憲が発し、且つ理由となつてゐる犯罪を明示する令状によらなければ、逮捕されない。
刑事訴訟法
第336条　被告事件が罪とならないとき、又は被告事件について犯罪の証明がないときは、判決で無罪の言渡をしなければならない。
国際人権規約 B 規約
第14条２　刑事上の罪に問われているすべての者は、法律に基づいて有罪とされるまでは、無罪と推定される権利を有する
フランス人権宣言（1789年）［歴史的根拠］
第９条　何人も有罪と宣告されるまでは無罪と推定される。ゆえに、逮捕が不可欠と判断された場合でも、その身柄の確保にとって不必要に厳しい強制は、すべて、法律によって厳重に抑止されなければならない。

　憲法では、国民には身体の自由があるのだから、原則として国家はその自由を奪ってはならないとされています。しかし、法律の定める手続（法定手続き）に則った場合は、逮捕や取り調べのための勾留がなされ、刑罰を科せられることになります。国家が国民の身体の自由を奪うのはあくまで例外なので、被告人を有罪とするためには、有罪の主張をする検察官が被疑事実について立証しなければならない（挙証責任）ということです。逆にいえば、「被告人は自分が無罪であることを主張・立証する必要はない」ということです。

　なかには、「検察官が被告人の有罪を証明しない限り、被告人に無罪判決が下される（被告人は自らの無実を証明する責任を負担しない）」（刑事訴訟法336条）

ということを意味するだけで、有罪判決が確定するまでは被疑者や被告人を疑ってはいけないという広義の無罪推定まで含まれるのはおかしいと主張する人もいます。無罪の推定というのは、刑事裁判における立証責任の分配の原則だから、そもそも逮捕・取り調べ段階で使うものではないというのです。また、この原則は、国家と国民との関係を規律するものであり、報道機関や一般市民を直接拘束しないという主張も見られます。

確かに、マスコミや一般国民の間では、被疑者・被告人の無罪の推定は有名無実化し、逮捕・起訴されたものは有罪、「逮捕＝犯罪者」「被疑者（被告）＝有罪者」であるとの誤った認識が定着していることや、法的には罪に当たらない行為や軽微な違法行為においても、国民感情や憶測・推測だけで犯人（悪者）扱いするケースが多く見られます※。

実際、無罪であるにもかかわらず、被疑者の実名が報道された時点で有罪と推定されてしまい、警察による発表やマスコミによる名誉毀損報道、周囲の人間による差別を受けるといった直接的な人権侵害だけでなく、職を失い、転居を余儀なくされるなどの実害を負うことになります。しかし、国際人権規約B規約第14条第2項には、「……法律に基づいて有罪とされるまでは、無罪と推定される権利を有する」と、権利の形で明確に保障していますので、批准国である日本でも、こうした冷静な対応が必要と思われます。

そもそも、警察・検察の捜査によって逮捕・起訴された被疑者（被告人）が犯人である可能性は、事実として確かに高いとしても、公判においては、白紙の状態で行われるべきでしょう。そうでなければ、検察側と被告人・弁護人側の法的な対等性が保たれません。たとえば、裁判官が被告人について、こいつは警察・検察の捜査によって逮捕・起訴された人間だから、「黒の可能性が高い」ということを前提に審理を行ってならないでしょう。

従来の裁判は、検面調書や検証調書などの文書を中心に審理が行われてきましたので、裁判官も公判廷での検察側と被告弁護人側の実際の攻防よりも、裁

※一部の新聞では、被害者の写真は丸、被疑者の写真は四角といった区別がなされているようです。

判記録を持ち帰って休日にまとめて判決文を書く習慣が見られ、検察の起訴事実を前提に判断しているのではないかと思われます。

　ごくまれにとはいえ、冤罪のケース（足利事件の菅谷さんや障害者団体向け割引郵便制度悪用事件で逮捕起訴された厚労省局長）もあることも事実として否定できないですので、捜査・逮捕という制度の建前を疑ってみる必要があるでしょう。刑事ドラマでは、既に犯人役が決まっているわけですので、安心して悪人を非難できるのですが、現実はそうとは限りませんので注意を要します。掲示板の書き込みや井戸端会議での話では悪意や意図的な誹謗中傷などが見られますが、裁判員裁判に選任された国民が実際に評議した結果を分析した評価では、専門裁判官よりも被害者および被告人双方の言い分を良く聞いて判断しようという傾向が見られますので、法律の素人も捨てたものではないと思います。

　もともと、刑事司法におけるこの「無罪の推定」の原則は、フランス革命によって提示された人権宣言をよりどころとしています。絶対王政の時代には、王様の気まぐれや感情で処罰されていたという経緯があったからです。日本国憲法の人身の自由に関する規定も、戦前の特高警察等の拷問や違法な取り調べ、軍事裁判における密室の中で恣意的な処分といった過去の歴史の反省の下に、基本的人権に関する規定の中で最も多く条文化されているということを考えてみるといいでしょう。

② 黙秘権を行使すると損をする？

　さて、最初の直助・権兵衛事件に話を戻しましょう。この直助に殺された被害者が、実は赤穂浪士の小山田庄左衛門であったことはあまり知られていません。講談によると、元禄15年（1702年）12月10日、討ち入りの4日まえに、大石内蔵助から仲間の生活資金のためにと250両を渡されますが、それを持ち逃げしてしまいました。講談では、「大石とともに死なば美名は万世に残るべきを、ああ浅ましき、人欲なり」と注釈されています。小山田庄左衛門は、その後江戸を離れて外科の医術を学び、3年後に戻って来て、深川で医院を始めた

ようです。名も中島立石と改め、過去を抹消し、妻と娘とともに生きていたのだそうです。そして、ここの下男が信州出身のくだんの直助であったのです。日ごろから田舎者と馬鹿にされていたのを恨み、ある夜、1家3人を斬殺して行方をくらましてしまいます。のちの享保4年（1719年）、麹町の米搗き屋で人夫になって住み込みで働いていたところを、人のうわさによって捕まってしまいます。直助は、自分は権兵衛だと言いはります。額に入れ墨でアザを作り、前歯を2本欠いたりして、直助とは別人のように容貌を変えて、働いていましたので、中々露見しなかったようです（イギリス人英語教師殺害事件の容疑者のようですね）。

　そして、さきの大岡越前守の裁きのエピソードとなるのです。しかし、この講談は事実とは大きくかけはなれていたそうです。殺されたのは夫婦2人だけで、子はいなかったし、直助の出身地も信州ではなく上州で、しかもなんと、この裁判を受け持ったのは大岡越前守ではなく、北町奉行の中山出雲守時春でありました。処刑されたのも千住の小塚原ではなく、品川鈴ヶ森であったそうです。その後、鶴屋南北が直助を『四谷怪談』に取りあげています。事件からおよそ100年も後のことだそうです。

　当時、既に「無罪の推定」の原則があったとしても、また「適正手続きの保障」があったとしても、自白が証拠の王様（犯人自身が自白したのだから間違いないという考え方）で、自白を得るために拷問が許されているのですから同じことが行われていただろうと思います。

　人身の自由は、単に憲法上規定され、それぞれが保障されればOKというものではありません。憲法に規定されているすべての人身の自由に関する規定、つまり、「奴隷的拘束の禁止・意に反する苦役の禁止」（18条）、「公務員による拷問・残虐な刑罰の禁止」（36条）、「罪刑法定主義・適正手続総則」（31条）、「裁判を受ける権利」（32条）、「令状主義」（33・35条）、「抑留・拘禁に関する弁護人依頼権～取調べ段階での人身の自由の確保」（34条）、「刑事被告人の権利」（37条）、「黙秘権・自白のみによる有罪判決の禁止」（38条）、「遡及処罰禁止・一事不再理」（39条）、「刑事補償」（40条）の全11条が、相互に関わりあって公

権力に対する国民の人身の自由が保障されるものなのです。どれひとつを欠いても、また運用の仕方を少しでも間違えれば、簡単に奪われてしまう最も根源的な自由なのです。その証拠に、他の自由権（精神的自由、経済的自由）と違って、この全11条の規定には、各条文に直接「公共の福祉」による制限の規定がないことに気付いたでしょうか。

したがって、人身の自由は、単に他の自由権よりも数が多いということにとどまらず、ひとつのまとまりの規定として「公共の福祉」による制限がない（基本的人権の原則におけるものは別として）ということが重要なのです。

ここで、ひとつの例として、学校教育における裁判の模擬授業の問題を挙げてみましょう。

2006年、千葉大教育学部付属小学校の先生が、裁判に関する模擬授業を行ったところ、黙秘権はなぜ必要なのかを生徒たちに理解させることができず混乱したという教育実践です。この授業は、NHK『わくわく授業』として2006年6月に放映され好評をはくしたのですが、その後、2007年10月に開催された「法と心理学会第8回大会の第7ワークショップ」でも「裁判員制度と法教育」というテーマでとりあげられました。

映像の中の生徒たちは、刑事裁判について活発に自らの考えや意見を言い合いましたが、口をそろえて、「家庭や学校教育の中では、嘘をつかないこと、黙っていることは何か隠している証拠だと教えられているので、被疑者や被告人が黙秘すること自体がよくないことだ」と言い出したのです。これはとても重要な視点です。ふつう、誰もが犯人として捕まえられた人が黙っていたら、「何で黙っているんだ。本当のことを言うべきだ。やったから、言い訳ができないのだろう。」と考えてしまいます。また逆に、「まったく身に覚えがない。そんなことは絶対にやっていない。」と言い張ったら、なんて「反省のない奴だ。もっと懲らしめてやらねば。」等と考えてしまうのではないでしょうか。

ところが、学会の専門家の先生方は、「授業の収拾がつかなくなったのは、生徒ばかりでなく指導の先生に黙秘権に関する正確な理解が欠けていたからだ」と指摘したのです。驚くことに、「素人は黙秘権をちゃんと理解しなさい」

で済ませてしまったのです※。問題はそんなところにあるのではなく、憲法の条文に規定があって、しかも刑事司法上の大原則であるにもかかわらず、現実には警察・検察、さらには裁判官さえ「犯人」という予断を抱いてしまい、守られないことが多いのは何故なのかということなのです。

　この実践では、生徒の素朴な疑問（嘘をつかないこと、黙っていることは何か隠している証拠だ。被疑者や被告人が黙秘し、本当のことを言わないのはよくない）を生かし、展開して行く道はなかったのでしょうか。法律専門家は、ことあるごとに、刑事司法過程の前提として、被疑者・被告人はまだ犯罪者と決まったわけではないこと、刑事司法過程における原則、無罪の推定や疑わしきは被告人の利益になどの法諺を十分に理解しなければならないと言いますが、それだけで実現されるような簡単な問題ではないことに気づいていないようなのです。この本の以前に出した『法学のおもしろさ』にも説いたことですが、私が考える法教育とはまるで方向が違うことに驚きました。

　法教育とは、子どもたち（教員も含め）の専門知識のなさを批判し、原理原則を説くことではありません。むしろ、子どもたちの素朴な疑問を契機として、法のタテマエの問題点をクローズアップし、現実とのギャップを考えてみることなのです。法律素人の国民やメディアの報道だけでなく、警察や検察、裁判所までも、実は逮捕され起訴された者が犯人である疑いが強いことを前提に対応しているわけで、逮捕された人が犯人ではないかもしれないことを前提に（予断なく）、取り調べや裁判を行うことなどほとんどありえないでしょう。だからこそ無罪の推定は重要なことであり、それにもかかわらず保障されていない現実をどう考えて行くのかなのです。本当にやっていない人は、黙秘せざるを得ないが、黙秘することは何かを隠している（本当のことを言わない）ことになるので、当然疑いが強まるという効果を生み出すでしょう。無実の人が否認したり、黙秘したりすればするほど疑いは増すばかりという構造になっているからです。

※この授業については、法務省法教育推進協議会第8回議事録に置いて授業者（千葉大教育学部付属小学校向井教諭）が報告しているので参照。http://www.moj.go.jp/content/000004319.pdf

小学生はこうしたホンネをちゃんと見抜いているのに、専門家は無知の軽口と素通りしてしまうことに問題があるのです。

●なぜ、黙秘権を行使すると不利になるのか──「黙秘権」vs「取調べ受忍義務」

「取調べ受忍義務肯定説」というのがあります。その根拠は、刑事訴訟法だと言われています。

刑事訴訟法198条第1項
　検察官、検察事務官又は司法警察職員は、犯罪の捜査をするについて必要があるときは、被疑者の出頭を求め、これを取り調べることができる。但し、被疑者は、逮捕又は勾留されている場合を除いては、出頭を拒み、又は出頭後、何時でも退去することができる。

日本国憲法第38条
　1．何人も自己に不利益な供述を強要されない。
　2．強制、拷問若しくは脅迫による自白又は不当に長く抑留若しくは拘禁された後の自白は、これを証拠とすることができない。
　3．何人も自己に不利益な唯一の証拠が本人の自白である場合には、有罪とされ、又は刑罰を科せられない。

　刑事訴訟法の条文の但し書を反対解釈すれば、身柄を拘束されている被疑者は「出頭を拒み、又は出頭後、何時でも退去することができない」と読めるため、検察や警察実務では「取調べ受忍義務」を前提に取り調べを行っています。いっぽう、黙秘権（憲法38条）を重視し、強制捜査としての取調べ受忍義務を否定する立場からは、この素直な反対解釈は黙秘権と真っ向から対立するため、被疑者が自分から出頭を拒んだり、退去ができないと書いてあるだけで、取調べ受忍義務を認めたわけではないと反論しますが、現実は強制的に取り調べが行われます。

●被疑者の取調べ実務の特徴

1）捜査機関は身体拘束下で被疑者を取り調べる権限がある。逮捕直後から被

90　第6章　大岡政談にみる黙秘権と無罪の推定

疑者に対する取調べの実施が常態化している。

2）取調べは、被疑者の弁解の録取というよりも、むしろ自白が本命である。

3）起訴前段階では、逮捕・勾留されている被疑者のほとんどが留置場（代用監獄）へ入れられる。そして警察署の取調室あるいは検察庁に護送されて取調べを行う※。

4）被疑者が、取調べ拒否の意思を示（黙秘）した場合でも、物理的強制を行使しない範囲内で、取調べのために取調室に出頭・滞留させられる。

5）取調べに際し、捜査機関以外の者の立会はほとんど認められない。

6）取調べ内容は調書にまとめられる。調書の作成方法は捜査機関の裁量に任されている。

　　⇒　密室＋長期拘禁（警察の留置場）＋取調べ受忍義務の3点セット

「とりあえず自白」型：とにかく「やりました」と自白させ、その後細部について聴取し、つじつまが合う供述をすれば犯人であり、そうでなければ犯人と断定できないと考えるとらえ方のことです。

「理詰め追い込み」型：（否認事件対応）　やってないのだったら弁解できるはずだということを前提に、被疑者に無実を証明させようとするとらえ方です。したがって、秒単位で当時の行動を説明させようとしますが、到底答えられない質問となります。被疑者が答えられないようなことを延々と聞いて行きます。そのうち、「記憶がないが、実は自分がやったのでは」と被疑者が考え、長期間続く取り調べに堪えかねて「やりました」と言ってしまう。被疑者の生活は長期間警察のコントロール下にあり、しかも受忍義務があるから取調室から逃げられません。このように、精神的苦痛に耐えかねてうその自白をするというプロセスは、冤罪事件に非常に多いと言われています。

※警察は、被疑者との心の通じ合いのために密室は必要といい、検察官も取り調べの可視化には消極的である。米国では、検察官が被疑者と対面して取り調べを行うことはほとんどない。

●2007年拷問禁止委員会最終見解（政府訳による）

「未決拘禁に対する効果的な司法的統制の欠如と無罪判決に対して、有罪判決の数が非常に極端に多いことに照らし、刑事裁判における自白に基づいた有罪の数の多さに深刻な懸念を有する。委員会は、警察拘禁中の被拘禁者に対する適切な取調べの実施を裏付ける手段がないこと、とりわけ取調べ持続時間に対する厳格な制限がなく、すべての取調べにおいて弁護人の立会いが必要的とされていないことに懸念を有する」

> **被疑者取調べ要領**　平成13年10月4日（適性捜査専科生）〔抜粋〕
> 1. 事前の把握を徹底する
> 2. 被疑者をよく知れ
> 3. 粘りと執念を持って「絶対に落とす」という気迫が必要
> 4. 調べ室に入ったら自供させるまで出るな
> 5. 取調べ中は被疑者から目を離すな
> 6. 被疑者の心を早く読み取れ（読心術を身につける）
> 7. 騙したり、取引は絶対にするな
> 8. 言葉使いには絶対に気をつけること
> 9. 親身に相手の話を聞いてやることも必要
> 10. 調べ官も裸になれ
> 11. 被疑者には挨拶・声をかける
> 12. 被疑者は、できるだけ調べ室に出せ
> 13. 補助官との意思の疎通

　さて、みなさんは法律専門家のように、黙秘権は被疑者・被告人の当然の権利であり、また無罪の推定は刑事司法過程全般において認められるべきことと認識していましたか。でも、和歌山毒入りカレー事件の被告人が完全黙秘した時に、ほとんどのメディアが「なぜ真実を語らないのか。亡くなった被害者は浮かばれない。」などと報道したことに、私たちが違和感を覚えなかったのは何故でしょう。少なくとも、刑事司法の原則を知らない無知な素人だからではないと思います。もう少し考えてみませんか。

第**7**章 言論の自由は
「言いたいことを言う権利」ではない

　日本国憲法において、最も条文数の多い人身の自由に比べると、精神の自由
は、19条（思想・良心の自由）、20条（宗教の自由、政教分離）、21条（集会・結
社・出版などの表現の自由、検閲の禁止）、23条（学問の自由）のたった４条文の
みです。しかし、「奴隷に身を落としたとしても、精神の自由まで譲り渡すこ
とはない」と言われるように、人間としての最後のよりどころとなる権利、民
主主義の根幹として、最も根源的な自由権ということが言えます。

① 思想・良心と言論の自由──内心という制限不可能な
自由を盾にすれば思想は守れるのか

　民主政治とは、国民の自由な発言の機会と表現活動の自由を前提とします。
政治に対し言いたいことも言えない社会は、民主的な社会とは言えないからで
す。言い換えれば、権力に対する言論の自由は、権力を監視するという意味が
あり、理由なく制約を行うのであれば民主国家と呼ぶことはできないでしょう。
いっぽう、メディアは第四の権力とも呼ばれ、立法・行政・司法の三権以上に、
強大な影響力を社会に与えることができることにも注意しなければなりませ
ん。巨大メディアは、富と直結していますので、権力と結びつくと公平公正
な情報を伝えられず、恣意的な使用の危険性が生まれるでしょう。たとえば、
４年に一度のスポーツの祭典オリンピックやサッカーのワールドカップ等、ス
ポーツ協会とメディアの求めるところが一致すれば開催地の標準時間と関係な
くテレビ放送することになります。また、政府に批判的な放送メディアのトッ
プを呼んで、公平公正な放送をしていないと注意すれば、何が公平・公正なの

かとは関係なく当該メディアは委縮して無難な報道になってしまうのは自明です。そもそも、何をもって正しい報道と言えるのか、公平・公正な言論とは何かはとても難しい問題でもあります。そうした意味では、ジャーナリズムたる所以は権力に抗うこと、弱き者の代弁者となることがその存在意義であるとも言えるでしょう。

　いっぽう、個人における言論の自由は、度を過ぎたり、濫用すると、名誉毀損罪や侮辱罪に抵触する恐れがありますので、充分に注意して行使する必要があります。よく誤解されることなのですが、「あまりに酷いヘイトスピーチを政府が取り締まれないのか」という意見です。確かに人種や民族差別をあらわにした発言は、聞くに堪えない、嫌な気分にさせるものです。2ちゃんねるをはじめとしたネット掲示板やSNS（ツイッター、facebook、インスタグラムなど）、さらに一個人がメディアになれるCGM（コンシューマー・ジェネレイテッド・メディア/Youtubeやニコ動）などへのパフォーマンスは個人の考え方がそのまま世界に発信されるわけですから、反応があった時の喜びと怒りははかり知れないものがあるでしょう。これを政府が取り締まれるのでしょうか。おそらく難しいでしょう。なぜか？　精神的自由を規制する立法の合憲性は、経済的自由を規制する立法よりも、特に厳しい基準によって審査されなくてはならない（二重の基準の理論）という原則があるからです。自由権的基本権（人身の自由、精神の自由、経済の自由）というと、一括して自由権としてパックで暗記するように学校では指導されているようです。しかし、憲法の条文を見ればわかる通り、過去の歴史に対する反省から、その自由度の高さは、人身の自由＞精神の自由＞経済の自由、という順番で規定されているのです。

　人身の自由と精神の自由については、憲法上国家権力による規制は排除さるべきだと考えられています。戦時中の特高警察のように、正当な理由なく拘束されたり拷問にかけられたりすることは絶対にあってはならないのはもちろん、表現行為を公権力に事前抑制されることも許されません。行政権が主体となって、思想内容の表現物に対し、その全部または一部の発表の禁止を目的として、発表前にその内容を審査（検閲）した上、不適当とみとめるものの発表を禁止

94 第7章 言論の自由は「言いたいことを言う権利」ではない

することも許されません。ただ、裁判所における事前差止め行為は、主体が行政権でないため、検閲にはあたらないということに注意が必要です。

統治機構（国会・内閣・裁判所）の根幹をなす民主政治の過程を支える精神的自由は、「こわれ易く傷つきやすい（バルネラビリティ）」権利です。経済の自由と違い精神的自由権は、制約されてしまうと是正の手段がないため裁判所がしっかりと守らなければならない権利だということを十分理解して欲しいものです。

このことは、憲法の条文からも簡単に導き出せます。憲法第22条「居住移転、職業選択の自由」および憲法第29条「財産権の不可侵」にだけ「公共の福祉」という文言が付されていることを不思議に思った人もいたでしょう。経済政策のために私権を制限（市民法の基本原理の修正）される場合があることを表明しているからです。

さて、精神の自由に関しては、よくメディアに登場する「思想・良心の自由」闘争を例に精神の自由の内容を詳しく見て行きましょう。

「君が代」起立めぐり再任用拒否　元教諭が大阪府を提訴

2 /23（金）23:24配信　朝日新聞デジタル

卒業・入学式での君が代の起立斉唱をめぐり再任用を拒まれたとして、大阪府立高校の元教諭、梅原聡さん（61）が23日、府に計約550万円の損害賠償を求める訴訟を大阪地裁に起こした。

訴状によると、梅原さんは定年退職を控えた昨年１月、勤務先の校長から「今後、起立斉唱の職務命令に従うか」と尋ねられ、「答えることはできない」と返答。府教委は同３月に「職務命令に従う意識が希薄」などとして再任用しなかった。梅原さんは訴状で「起立斉唱の意向確認は思想良心の自由を侵害するもの」と主張。精神的苦痛への慰謝料や本来得られたはずの給与相当額の支払いを求めている。（https://headlines.yahoo.co.jp/hl…）

これまでに、減給処分や懲戒処分を受けたという公立学校教諭は多数います。ほとんどが、憲法19条「思想・良心の自由」を根拠に提訴し、敗訴しています。

なぜでしょう？　日本国憲法第19条「思想および良心の自由はこれを犯して

① 思想・良心と言論の自由──内心という制限不可能な自由を盾にすれば思想は守れるのか　　95

はならない。」のようないわゆる内心の自由を憲法に規定する国はほとんどありません。純然たる内心の問題について、それをわざわざ宣言して保障する意義はないと考えられているからです。たとえば「奴隷においても内心の自由はある」という諺からも、その思想を外部に表出しないならば自由であるのは当たり前のことなので、日本人が思っているほど大げさな問題ではないようです。ただ、現実には踏絵のように、しばしば権力者が内心を強引に吐露させたうえで、不利益を課す例があり、日本では過去の歴史として忠孝を説く教育勅語が国民の価値観を束縛した例があり、「思想及び良心の自由」に独自の意義を認めて解釈することになったのでしょう。

　さて、では「君が代斉唱・起立の拒否問題」はどうでしょう。

　大人の対応としては、君が代斉唱時に形だけ起立し、口パクしていればいいことじゃないか、とも考えられます。しかし、軍国主義と教育が結びついていた過去の歴史を考えると、過剰に反応してしまう年配の人たちは多いと思います。

　憲法的観点から考えてみると、外部に表出した拒絶行動を、国歌・国旗法や公務員法の服務規程に違反する行為と考え注意を促す等の行為は内心の自由を侵害しているとまでは言えないことになるでしょう。公務員としての地位と自らの思想・良心の自由を比較考量しても、多くの教員が考えるような制限できない神聖な権利とは考えにくいでしょう。したがって、19条の「思想・良心の自由」を真っ向から根拠として提訴するのはあまり賢明なことではないと思います。むしろ、表現の自由として争った方が賢明でしょう。

　逆に、国や公的機関の対応も裁判所の判断も大人げないのが日本におけるお役所文化とも言えます。

1977年　ニューヨーク連邦地裁
　「国歌吹奏の中で、星条旗が掲揚されるとき、立とうが座っていようが、個人の自由である」
1989年　最高裁判決（国旗焼却事件）
　「我々は国旗への冒瀆行為を罰することによって、国旗を聖化するものではない。これを罰することは、この大切な象徴が表すところの自由を損なうことになる」

96　第7章　言論の自由は「言いたいことを言う権利」ではない

> **1989年　最高裁判決**
> 　上院で可決された国旗規制法を却下。「国旗を床に敷いたり、踏みつけることも、表現の自由として保護されるものであり、国旗の上を歩く自由も保証される」

　愛国心が強く国旗への忠誠など教育現場では当たり前に行われているイメージのある米国の判例は、とても教育的で寛容で気持ちが清々しくなります。

　よくよく考えると、こうした精神の自由は、後ほど論じる「社会権」のひとつである「労働者の権利（団結権・団体交渉権・団体行動権）」の構造とよく似ています。どちらも弱い立場の人々を法律上同等の地位に押し上げるための装置だからでしょう。しかも、歴史的に見れば、社会運動や労働運動の活動手段として、どちらも権力と対峙する手段として発達してきたことによるのでしょう。そういう意味では、自由権と社会権といった別に分類される意味を考えてみれば大変興味深いでしょう。

　言論の自由をはじめとする精神の自由は、「自由権」ですのでそれを規制するものから自由にすることで達成せられるのに対し、労働基本権は「社会権」として、もともと資本等の経済的よりどころを持たない労働者と、富や力を持つ使用者の力関係を是正するアファーマティブアクションのような働きをする点で大きな違いがあるのです。そういう意味では、労働基本権は雇用格差や経済格差といった平等原則とも強く関係している権利と言えましょう。

　ただ、精神の自由が、内心の自由である時は何らの規制を伴いませんが、外部に表出したとたんに様々な規制を伴うことになります。今日のようにデジタル・ネットワーク化された社会においては、個人間の表現の自由とプライバシーや個人情報が錯綜し、大変難しい問題となっています。以前は、表現する手段があまりなかったために侵害も少なかったのですが、巨大掲示板やブログやツイッターなどの消費者生成メディア（CGM）が簡単に利用でき、その影響力を甘く見ていると大変なことになることも認識しなければなりません。

② 自由を与えた GHQ の言論統制

　教育現場のことを例に言論の自由を見てきましたが、過去には問題がなかったのでしょうか。もちろん、明治憲法でも言論の保障規定はありましたが、法律の留保によっていつでも制限することが可能でした。敗戦後、GHQ の指導の下、日本国憲法には「言論の自由」が保障（基本的人権の内在的制限はありますが）されました。しかし、この自由を与えた GHQ は、終戦後の占領下では言論の統制を行っていたのです。昭和20年9月21日、GHQ は日本新聞遵則（日本出版法、プレス・コード）※と日本放送遵則（ラジオ・コード）を報道関係者に公表し、表現活動において遵則に触れることを厳禁とした30項目（GHQ に対する批判、極東軍事裁判批判、GHQ の憲法起草に対する批判、検閲制度への言及、合衆国に対する批判など）が設けられました。

　こうした検閲作業は、民間検閲支隊により出版や放送といった日本のメディアへの事前検閲や事後検閲を行い、反占領的と判断した記事（占領軍兵士による犯罪なども含まれた）などを半ば強制的に書き換えさせられました。これら GHQ による行為は個人の手紙や電信電話にまで及び、日本国憲法施行下にあっても検閲は密かに実行されていました。手紙に進駐軍に残虐行為を受けたと嘘を書いた人物が密かに逮捕され、軍事裁判にかけられたという事実もあったようです。1945年10月9日、朝日、毎日、読売、東京、日本産業新聞への事前検閲を開始しましたが、検閲に協力した人々の証言がほとんど得られないため実態には未解明な部分も多いことは注意しなければなりません。

　江藤淳は、戦後の占領政策における検閲の方針「ウォー・ギルト・インフォ

※邦訳プレス・コードは、口語体のものは「日本新聞遵則」と題され、文語体のものは「日本出版法」と題されている。前者の文末には「連合軍最高司令部」とのみ記されているが、後者は本文中に掲げたように「米国太平洋陸軍総司令部民事検閲部」と記されている。Press Code for Japan の訳語としては「日本新聞遵則」のほうが適切と思われるので、本文中にはこれを採用したが「日本出版法」の文語体の訳文のほうがよりよく当時の雰囲気を伝えていると思われるので、引用はあえてこれによった。

第7章　言論の自由は「言いたいことを言う権利」ではない

日本出版法

　　　　趣　旨

　聯合軍最高司令官は日本に言論の自由を確立せんが為茲に日本出版法を発布す。本出版法は言論を拘束するものに非ず寧ろ日本の諸刊行物に対し言論の自由に関し其の責任と意義とを育成せんとするを目的とす。特に報道の真実と宣伝の除去とを以て其の趣旨とす。本出版法は啻に日本に於ける凡ゆる新聞の報道論説及び広告のみならず、その他諸般の刊行物にも亦之を適用す。

●日本出版法
第一条　報道は厳に真実に則するを旨とすべし。
第二条　直接又は間接に公安を害するが如きものは之を掲載すべからず。
第三条　聯合国に関し虚偽的又は破壊的批評を加ふべからず。
第四条　聯合国進駐軍に関し破壊的批評を為し又は軍に対し不信又は憤激を招来するが如き記事は一切之を掲載すべからず。
第五条　聯合国軍隊の動向に関し、公式に記事解禁とならざる限り之を掲載し又は論議すべからず。
第六条　報道記事は事実に則して之を掲載し、何等筆者の意見を加ふべからず。
第七条　報道記事は宣伝の目的を以て之に色彩を施すべからず。
第八条　宣伝を強化拡大せんが為に報道記事中の些末的事項を過当に強調すべからず。
第九条　報道記事は関係事項又は細目の省略に依つて之を歪曲すべからず。
第十条　新聞の編輯に当り、何等かの宣伝方針を確立し、若しくは発展せしめんが為の目的を以て記事を不当に顕著ならしむべからず。

　　　　　　　　　　　　　　　　　　　　　　　一九四五年九月二十一日
　　　　　　　　　　　　　　　　　　　　　米国太平洋陸軍総司令部民事検閲部

GHQ の出版許可印

個人の手紙の検閲済みテープ

メーション・プログラム」（戦争についての罪悪感を日本人の心に植えつけるための宣伝計画）などの関連する資料を明らかにし、占領期は GHQ による検閲と目に見えない自己検閲によって自由な発言ができず、閉鎖された「言語空間」が形成されたと述べています（江藤淳『閉された言語空間』文春文庫、pp.237-241参照）。

　確かに、戦前の日本の検閲された文書には、検閲されたことが明らかにわかる「××」や「〇〇」などの「伏せ字」があって、そこに何が書いてあったかわかる人には十分わかるような少し間抜けな検閲でした。ところが GHQ の検閲は、検閲した跡が残らないように完全に修正したものしか発表、出版させないというもので、しかも検閲されていることさえ報道させないというものでした。その結果、多くの国民には検閲されているという認識はないという徹底したものでした。

　絶えず検閲されると、どういうことを書くと出せなくなり、どう書いておけば通るかがわかるようになります。検閲され没にされてしまうと、大変な時間と費用の損失になりますから、そうならないよう絶えずあらかじめ自己チェックするようになり、やがてそれは無意識の条件づけになってしまいます。たとえば、現代日本文学史上最も美しい散文と絶賛を受け、第 1 回水上滝太郎賞を受賞した原民喜の小説『夏の花』は、当時の GHQ の検閲を考慮して、一見戦争とは関連性がない題名となっていて、書き上げた 2 年後1947年に『三田文学』に発表しています。結局は検閲を受けることなく掲載されました。

　　「……あの時、兄は事務室のテーブルにいたが、庭さきに閃光が走ると間もなく、一間あまり跳ね飛ばされ、家屋の下敷になって暫く藻掻いた。やがて隙間があるのに気づき、そこから這い出すと、工場の方では、学徒が救いを求めて喚叫している──兄はそれを救い出すのに大奮闘した。妹は玄関のところで光線を見、大急ぎで階段の下に身を潜めたため、あまり負傷を受けなかった。みんな、はじめ自分の家だけ爆撃されたものと思い込んで、外に出てみると、何処も一様にやられているのに唖然とした。それに、地上の家屋は崩壊していながら、爆弾らしい穴があいていないのも不思議であった。あれは、警戒警報が解除になって間もな

100　第7章　言論の自由は「言いたいことを言う権利」ではない

くのことであった。ピカッと光ったものがあり、マグネシュームを燃すようなシューッという軽い音とともに一瞬さっと足もとが回転し、……それはまるで魔術のようであった、と妹は戦きながら語るのであった。……」（青空文庫作品データ：原民喜『夏の花』新字新仮名より抜粋）

　江藤氏をはじめとして GHQ の検閲の強硬さを批判する諸論がたくさん出ていますが、占領政策を担った連合国軍総司令部の参謀本部戦史課長を勤めたメリーランド大学歴史学教授ゴードン・W・プランゲが、検閲のために提出された資料をアメリカへ持ち帰り保管したとされる「プランゲ文庫」※の書蔵を調査した早稲田大学の山本教授は、GHQ の具体的な検閲指示は意外に少ないと述べています。

　教授らは「原爆の検閲は核実験や医学上の影響など具体的な記述に限定されていたのではないか。日本側の自主規制が強かった面もある」とも話しています。また、『原爆　表現と検閲』の著者で詩人の堀場清子さんの話でも、「プランゲ文庫で原爆に関する検閲資料を調べたが、共産党や労組の出版物ほどには処分が厳しくなかったと思う」と述べています。原爆投下の翌年、「夕刊ひろしま」が被爆の惨状をとらえた写真をつけて記事を掲載した時、記事は検閲違反となったが、写真は占領軍から複写を頼まれたと言います。事前検閲から事後検閲へと移行するとともに、実際は、情報収集の側面が強くなったと言えるでしょう。

③　言論の自由と図書館の役割

　2006年『本の雑誌』が選ぶ上半期エンターテイメントで第1位、2007年『本

※プランゲ文庫とは、メリーランド大学歴史学教授ゴードン・W・プランゲに由来します。彼は、第二次世界大戦後の日本占領政策を担った連合国軍総司令部（GHQ）の参謀本部戦史課長を勤め、検閲のために提出された資料をアメリカへ持ち帰り保管したのです。プランゲ文庫には、1945〜1949年に出された図書類8万2000冊、新聞1万6000紙、雑誌1万3000誌、通信社等記事70万ページ、GHQ 関連文書60万ページが所蔵されており、戦後日本を研究する貴重な資料です。プランゲ文庫：http://www.lib.umd.edu/prange/index.jsp

屋大賞』では第5位に入賞、2008年に第39回星雲賞日本長編作品部門を受賞した、『図書館戦争』という小説があります。いわゆる「ライトノベル」です。著者、有川浩（女性作家）自身も自らをライトノベル作家と称していますが、その発想は、言論の自由について忘れがちな「言論の価値が正しく判断される場」とは何かを突きつけてくれます。

アスキー・メディアワークス

西暦2019年、公序良俗を乱し人権を侵害する表現（言論）を取り締まる「メディア良化法」（実質上の検閲の合法化）が施行されるという近未来が舞台となっています。強権的かつ超法規的にメディア良化法を運用する「メディア良化委員会」とその実行組織「良化特務機関」の言論弾圧に唯一対抗できる存在が、図書館だというのです。かくして、図書館は表現の自由を守るために武装し、良化特務機関との永きにわたる抗争に突入する、というあらすじです。さすがに、検閲の合法化や強権的な言論弾圧など考えられないし、図書館が武装して、武力衝突に発展するなどはアニメの世界と一笑に付されそうですが、そうした正面からの言論統制ではなく、自由を標榜しながらコントロールするという巧みなしのびよる扇動はありうると思います。

たとえば、「日本には言論の自由など存在しない」と訴え、「言論の価値が正しく判断される場」の審判力を信じられない人間が、「お前たちが私の言うことを否定しようと、反対しようと、それによって私の言うことの真理性は少しも揺るがない」と主張したなら、その人は言論の不自由を解放したことになるのでしょうか。「私の言うことは正しい」ということを前件にして言葉を語り出すことは、そもそも「場の審判力」を否定し、言論の自由の原理そのものを否定することにならないでしょうか。図書館という公共の場は、そうした問題の格好の俎上になるかもしれないと私は思います。では、この小説を執筆する契機となったとされる「図書館の自由に関する宣言」を見てみましょう。

図書館の自由に関する宣言（抄）

　図書館は、基本的人権のひとつとして知る自由をもつ国民に、資料と施設を提供することを、もっとも重要な任務とする。この任務を果たすため、図書館は次のことを確認し実践する。

第1　図書館は資料収集の自由を有する。
第2　図書館は資料提供の自由を有する。
第3　図書館は利用者の秘密を守る。
第4　図書館はすべての検閲に反対する。
図書館の自由が侵されるとき、われわれは団結して、あくまで自由を守る。

日本図書館協会

もう少し具体的に詳細な宣言内容を示しておきます。

1）日本国憲法は主権が国民に存するとの原理にもとづいており、この国民主権の原理を維持し発展させるためには、国民ひとりひとりが思想・意見を自由に発表し交換すること、すなわち表現の自由の保障が不可欠である。知る自由は、表現の送り手に対して保障されるべき自由と表裏一体をなすものであり、知る自由の保障があってこそ表現の自由は成立する。知る自由は、また、思想・良心の自由をはじめとして、いっさいの基本的人権と密接にかかわり、それらの保障を実現するための基礎的な要件である。それは、憲法が示すように、国民の不断の努力によって保持されなければならない。

2）すべての国民は、いつでもその必要とする資料を入手し利用する権利を有する。この権利を社会的に保障することは、すなわち知る自由を保障することである。図書館は、まさにこのことに責任を負う機関である。

3）図書館は、権力の介入または社会的圧力に左右されることなく、自らの責任にもとづき、図書館間の相互協力をふくむ図書館の総力をあげて、収集した資料と整備された施設を国民の利用に供するものである。

4）わが国においては、図書館が国民の知る自由を保障するのではなく、国民に対する「思想善導」の機関として、国民の知る自由を妨げる役割さえ果たした歴史的事実があることを忘れてはならない。図書館は、この反省の上に、国民の知る自由を守り、ひろげていく責任を果たすことが必要である。

5）すべての国民は、図書館利用に公平な権利をもっており、人種、信条、性別、年齢やそのおかれている条件等によっていかなる差別もあってはならない。外国人も、

その権利は保障される。

6）ここに掲げる「図書館の自由」に関する原則は、国民の知る自由を保障するためであって、すべての図書館に基本的に妥当するものである。

　4）にある「図書館が国民の知る自由を保障するのではなく、国民に対する思想善導の機関として、国民の知る自由を妨げる役割さえ果たした歴史的事実があることを忘れてはならない。図書館は、この反省の上に、国民の知る自由を守り、ひろげていく責任を果たすことが必要である。」との記述は、権利という表現を一切使わずに、大切なものを守ろうという意思の強さが感じられ、好感が持てます。憲法の言論の自由と知る権利やプライバシーの関係において、「言論の自由」というものが、その社会の中に「言論の価値が正しく判断される場」の存在を予定し、そうした場に敬意を持つという、まさに「信念」とでも言い換えることのできるものなのかもしれません。

　憲法が保障する「言論の自由」と「知る権利」と「プライバシー侵害」との折り合いをどうするのかといった事件、1997年の少年Aによる神戸連続児童殺傷事件時の顔写真（「FOCUS」等）をどうするのか、少年法との折り合いはどうするのか、名古屋市立図書館『ピノキオ』事件などによる差別用語や差別表現などとの折り合いをどうするのかといった、行政と対立する場面もしばしば見られます。

　「ピノキオ」事件以後は、次の「検討の3原則」が追加されました。

**　　検討の3原則**

１．問題が発生した場合には、職制判断によって処理することなく、全職員によって検討する

２．図書館員が制約された状況の中で判断するのではなく、市民の広範な意見を聞く。

３．とりわけ人権侵害に関わる問題については、偏見と予断にとらわれないよう、問題の当事者に聞く

　言論の自由というのは、単に「誰でも言いたいことを言う権利」のことではありません。頭や心の中で考え思考することに関しては何ら制限はありませんが、口から出た言葉や書かれた言葉、いわゆる表現されたものには評価がとも

ないます。「誰でも言いたいことを言う権利がある」という主張が正しいといえるためには、常に「言うことによって、社会は少しでも住みやすく（よく）なるのか」という問いかけを自問する必要があります。そして、その発言の正否や真偽を判定するのは、本人ではなく、「自由な言論の行き交う場」そのものでなければなりません。そうした場に差し出されることによって、自身の独断ではなく、議論され、真偽や成否を問われ、評価されるのです。したがって、そのような場が存在するという前提がなければ「言論の自由」はありえないでしょう。

　しかし、公正に言論の価値を査定する「場」が本当に存在するかどうかは、誰にも判断できません。たとえば、力や恐怖によって社会秩序が保たれていたり、カリスマや感情などによって一時の高揚した意思に動かされて、そうした場が存在すると思われている場合もあるでしょう。そうした状況で、その社会の内部にいる人がどうしてその真偽を判断できるでしょうか。ですから、言論の自由さえ確保されていれば、すべて民主的な良い社会になると即断するのは疑問でしょう。

　しかし、言論の自由が確保されていれば、そうでない場合よりはるかに言論の価値が正しく判断される可能性は高いはずで、こうした信念は、言論を交える「場」に対する敬意として表現されるほかないのではないでしょうか。言葉を差し出す相手が誰なのか知らないし、知性的であるのか、倫理的であるのか、情緒的・道徳的にどれだけ成熟しているのかも知らない。けれども、その見知らぬ相手に言葉の正否・真偽の判断を委ねるという構え（信念）だけが言論の自由を機能させるのではないでしょうか。

　もし、言論が自由に行き交うこの場の「価値判定力」を信じないならば、「私の言うことは正しい」ということを前件にして言葉を語ることになるでしょう。言論において私たちが共有できるのは、それぞれの真理ではありません。私たち「それぞれの真理」の理非が判定される「共同的な場」が存在するということについて、合意すべきなのです。そういう場が存するかどうかは、私たちが日々関心を持ち、努力して創り出さなければならないものなのでしょう。

ある国に言論の自由が本当にあるかどうかは、事実認知的レベルではなく、その国民の遂行的なレベルに任せるしかないのではないでしょうか。

フランスの歴史学者で、前フランス国立図書館長のジャン−ノエル・ジャンヌネーは、世界の本を電子化し、ネット上に流通させることを計画しているアメリカの世界最大のインターネット企業グーグルに警告しました。日本では、いくつかの出版社と大学図書館が参加し、本と画像のデータを提供しました。ネットで本を読むことができるほか、著作権の関係で読めない場合は購入先や所蔵している図書館を案内するようになっています。しかし、検索結果はコンピュータの自動制御で、すでに評価を得ているサイトから順番に並んで表示されるものです。その順番に何の作為もないとは言えません。ネット情報は当然英語のものが多く、他言語の作品を検索しても当該言語のものが一番に出てくるわけではありません。広告収入で動いている企業でもありますので、検索結果にはある種のバイアスがかかることになるでしょう。

ジャンヌネーは、これからはヨーロッパ各国が手を結んでヨーロッパ独自の検索エンジンを作り、自分たちの文化遺産を守ろうと訴えています。フランスでは、電子図書館と同時に紙による蔵書の保存にも力を入れてきました。この二重保存の長所をヨーロッパで生かせばネットでの動向に左右されることなく、本を保存できそうです。本という文化遺産をいかにネット上で人に利用してもらい、後世に残すか、今後の課題は大きいと言えましょう。

④　憲法改正草案は国民を縛る !?

先ほど述べたように、精神の自由は人間としての最後のよりどころとなる権利、民主主義の根幹として、最も根源的な自由権です。自由に自己の意見を表明し、みんなで議論することによって民主主義社会は形成されます。これを統制することは、いわば情報統制となり市民の自由な議論や意見表明ができず、一方的な意見のみで社会が構成されてしまいます。これでは民主主義社会とは言えないでしょう。

106　第7章　言論の自由は「言いたいことを言う権利」ではない

> **自民党憲法改正草案**
>
> 第二十一条（表現の自由）
> 　集会、結社及び言論、出版その他一切の表現の自由は、保障する。
> 2　前項の規定にかかわらず、公益及び公の秩序を害することを目的とした活動を行い、並びにそれを目的として結社をすることは、認められない。
> 3　検閲は、してはならない。通信の秘密は、侵してはならない。

　さて、改正草案の第21条表現の自由を見てみましょう。第1項で表現の自由はもちろん保障されています。ところが第2項が追加され、「公益及び公の秩序を害することを目的とした活動を行い、並びにそれを目的として結社をすることは、認められない」とし、表現の自由が制約される場合を規定しています。この公益および公の秩序は草案のあちこちに登場します。

　この第2項について日本国憲法改正草案Q＆Aでは、「オウム真理教に対して破壊活動防止法が適用できなかったことの反省などを踏まえ、公益や公の秩序を害する活動に対しては、表現の自由や結社の自由を認めないこととしました。内心の自由はどこまでも自由ですが、それを社会的に表現する段階になれば、一定の制限を受けるのは当然です。なお、公益や公の秩序を害することを目的とした活動と規定しており、単に公益や公の秩序に反する活動を規制したものではありません」と改正理由を説明しています。

　「公益及び公の秩序を害することを目的とした」とは何かを考える必要がありますね。これについては、野党から「公益」は「政府の利益」と同じになるという指摘があります。つまり「政府の意図や方針」に反する表現活動は認められない可能性があります。たとえば、原発に反対するデモや安全保障政策に関するデモも重要な表現活動ですが、政府の方針と違うとされた場合は規制されるおそれがあります。「目的とした」というのもあいまいな表現です。これでは、様々な表現活動が政府の顔色をうかがって萎縮してしまいます。もちろん音楽や絵画などの芸術分野の表現活動にも影響が出るでしょう。ミュージシャンが時の政権を批判した歌を作曲するなんてこともできなくなります。結社

も禁止されているので、野党の存在すら認められないかもしれません。

さらに、現行憲法第97条「この憲法が日本国民に保障する基本的人権は、人類の多年にわたる自由獲得の努力の成果であつて、これらの権利は、過去幾多の試錬に堪へ、現在及び将来の国民に対し、侵すことのできない永久の権利として信託されたものである。」は条文ごと改正草案では削除されています。つまり基本的人権は侵すことのできない永久の権利ではなく、政府の側が制約できる権利となっているのです。

立憲主義とは憲法で国家権力を縛りわれわれの人権を保障することでした。この改正草案では国家権力は縛られず、国民を縛りかねない内容になっています。その証拠に草案第102条第1項では「全て国民は、この憲法を尊重しなければならない」と規定し、まず国民に憲法尊重擁護義務を課しています。本来縛られる側の権力者は第2項となっていることから、まず国民がしっかり憲法を遵守しなさいということになります。この規定を根拠に国民に様々な義務を課し自由を制約する立法も可能になります。憲法は下（国民）から上（国家）へ向かうルールですが、これでは上（国家）から下（国民）へ向かうルール、つまり国家が国民を縛るルールになりかねない危険をはらんでいます。立憲主義はどこにいったのでしょうか。

第8章 教育の主体は国家？それとも国民？
『23分間の奇跡』を素材に

① 学校教育の機能と逆機能

　ある国家の構成員として生活する人々には、身体的・精神的・経済的に自由であることが認められ、理由なく公権力が介入してはならないことが原則になっています。しかし、社会が発達して複雑な制度と多様な価値観が生まれると、それを上手く利用できる人とできない人の差が生まれてきます。経済的な格差がこの差をさらに広げてしまいます。

　こうした状態を放置しておくと、社会の公平で公正な雰囲気を失い、向上心の旺盛な人はシステムや情報を上手く使うことでさらなる向上につながり、そうでない人は諦めや非社会的な方にのみ目を向けインセンティブを欠如させて行くことになります（インセンティブ・ディバイド）。こうなってから公権力が、社会的・経済的弱者のための制度を制定しても、結局ある程度以上の層の人が利用してしまい、本来利用すべき人々との差は広がる一方になる（この現象を「マタイ効果」という）ことがわかっています。

　そこで、大きな差が開く前に、自由権のように公権力によって巻き付けられていた鎖（重り）を外させ、「ほっといてくれ」という権利としてではなく、むしろ公権力に向かって「権利を享受できる支援や環境整備をしろ」といった請求権としての側面を持つものが必要となります。たとえば、人間であれば自由に歩き、歌い、考え、そして仕事をして、得たお金でおいしいものを食べ、どこかに旅行に行ったりもできるでしょう。でも、仕事がない場合はどうでしょう。おいしいものも旅行も読みたい本も買えないかもしれません。また、い

い仕事に就くためには、よりよい教育も必要となるでしょう。歩いたり歌ったり考えたりは誰にでもできますが、仕事がない、教育がない人にとってはどんなに自由であっても人間らしい生活ができないことになってしまいます。映画やレジャーを楽しむことなどできないでしょう。全体としての社会が豊かになっても、その恩恵を享受できる人がわずかでは、よい社会とは言えないでしょう。

　よりよき働き手になるためには、義務教育程度は必要でしょうし、社会常識や法律・経済・金融などの知識も必要となるでしょう。また、こうした力をつけても、仕事がなければ、そして一定以上の賃金や労働条件で働ける職場でなければ、明るく健全な家庭を築くこともできないでしょう。こうした施策を積極的に行うことは、国家の責務であり、環境整備に努めなければならないのは明らかです。こうした権利全般を「社会権」と呼び自由権とは区別していることは、みなさん小学校で習ったはずです。

　以上のことから、まず国家がするべきことは、「教育」ということになるでしょう。貧しい国にお金や物質的支援をすることだけがよいことではないとよく言われます。まず、教育、しかも国民の質の底上げをして、社会に貢献できる人材としての労働者を育成することが学校教育の使命と言えるでしょう。したがって国民の向上心を高め、社会秩序の維持のために、子どもたちの教育は、なくてはならないのです。ただ、教育といってもたくさんの子どもを集めて集中的に行う学校教育が重要となってきます。重要ですが、為政者にとっては情報統制と同じように一定の思考へと洗脳する手っ取り早い手段でもあることに注意する必要があります。

　ひとつの素材として『23分間の奇跡』という物語を使って見てみましょう。

●「23分間の奇跡」　ジェームズ・クラベル（**青島幸男訳**）　集英社

　ある国が戦争で敗れ、占領され、新しい教師による洗脳が始まる瞬間を描いた作品です。教育のもつ意味、教師によって子どもたちの心理がいかに誘導されやすいかを描いたものです。以下は、簡単なあらすじです。

9時2分前。教室の中の子どもたちの前でひとりの中年女性教師が泣いている。今日から新しい先生がやってくるのだ。お払い箱になるだろう以前の先生は恐くてふるえていて、子どもたちもまた、その恐怖がのりうつって震えている。9時。新しくやってきたのは若いきれいな女の先生だ。最初は、不審気な表情を見せる子どもたち。香水のいい匂いがするその先生は、床の上に座って歌をうたってくれる。前の先生は間違えてばかりいたのに、この先生はクラス全員の名前をちゃんと覚えてきて、誕生日まであててしまう。

集英社

ひとりの少女が教師の着ていた服について尋ねた。こんな服は嫌いかと教師が尋ねると、少女は服を褒め自分も着てみたいという。「じゃあ、これからは、みんなにも同じ服を着て貰いましょうね。そうすれば、明日着て行く服を考えなくてもいいでしょう？ みんなが同じ服、これが平等だと思わない？」と洗脳を始める。

さらに、新しい先生は、今までみんなが朝礼のときにしていた「国旗に忠誠を誓う……」ということに疑問を投げかけ、「誓う……って何のこと？」「忠誠……って何のこと？」と矢継ぎ早に子どもたちに問うて行く。答えられない生徒たちに、「意味もわからないのに、難しい言葉を使ったりするのは、よくないわ」「いままでの先生は、その意味を教えてくれなかったの？」と今までの教育を非難する。

この先生は生徒たちの心をつかむ術に、なんと長けていることか。子どもたちは皆、あっという間に新しい先生のとりこになってしまう。

しかし、お父さんが占領軍に連行されたのを目の当たりにしていたこともあり、最初から反抗的で、最後までだまされないぞと思っている生徒が唯一いた。名をジョニーという。ジョニーは、新しい先生の言動にことごとく反抗する。そして、「さぁ、みんな目を閉じてお祈りしましょう。『神様、お菓子を下さい』と……。」みんなを誘う。疑いながらも先生の言葉に従う子どもたち。やっぱりお菓子は現れない。「じゃあ『指導者様』に変えてみたらどうかしら？」と目をつぶらせてお祈りをさせている間に、先生は子どもたちの机の上にお菓子を置いて行く。目を開けてお菓子を見つけ、喜ぶ子どもたち。

ところが、ひとり反抗していたジョニーは、薄目を開けて一部始終を見ていたのだ。「お菓子を置いたのは『指導者様』じゃなくて先生じゃないか！」……。少しも動揺

せず、微笑む先生。「そう、実際にお菓子を机の上に置いたのは先生です」と……。あっさりと認められ、きょとんとするジョニーと他の生徒たち。逆に、先生は、少年を賢いと褒めながら言葉を続ける。「いくら誰かに祈っても、本当は何も出て来ません。もし、何かしてくれる人がいるとすれば、それは神様なんかじゃなくて、先生や他の人の力なの……。ジョニーすごく頭がいいのね」

褒められて言葉に詰まるジョニーを他の生徒も褒め始める。先生は続けて、新学期のクラス委員を誰にしようか話し始める。場の成り行きで当然に生徒たちはジョニーがいいと口々に言い出す。まんざらでもない様子のジョニー……。

こうして子どもたちは先生の教育的な活動に引き込まれ、洗脳されて行く。そして、この国を支配することになった戦勝国の支配戦略は、学校教育を通して粛々と進んで行く……。現在、9時23分。これまでにかかった時間は、たったの23分間、すっかり先生の思いどおりになっていく………。

いかがでしょうか。短いストーリーなので、実際に全編を読んでみてください。教育の重要性と学校教育の恐ろしさがよく伝わってきます。子どもたちの学力を向上させ、社会性を身につけ、よりよき大人に育て、はぐくむ、これが学校教育の機能です。しかし、たくさんの子どもを収容し、一斉に、効率的に教育を行うためには、管理が必要でもあります。多くの子どもたちに脱落者を出さないように、必要最低限の知識を身につけさせるためには、様々な洗脳テクニックが必要となることでしょう。子どものため、個性を尊重するというタテマエの裏には、管理・洗脳・社会からの隔離といった、学校教育の逆機能が潜んでいることも忘れてはいけません。

② 子どもの誕生、教育の誕生、教育課程の誕生

本来、教育といえば家庭教育を指していました。中世ヨーロッパでは、学校教育は、大学（神学・医学・法学など）のみであったので、初等・中等教育は、裕福な家庭のみが行うことができたのです。そのほか、騎士のための教育やギルドの行った子弟教育はありましたが、一般の家庭（農村）の教育はありませんでした。子どもは生まれてから7歳までは家庭で育てますが、それ以上は必

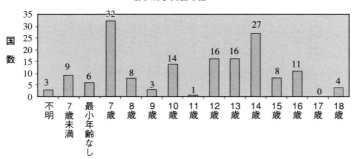

(「At what age?」; Angela Melchiorre, Second edition, Right to Education Project, p10. 2004 より作成)

要な跡取り以外は、外に出され自分で生きて行かねばならなかったのです。なぜ7、8歳なのかは、当時の児童期の概念がなかったことと関係しています。7、8歳になれば、大人と会話ができ、社会で生きて行くことができると考えられていたからです。今でも、途上国の中では、こうした考え方が当然である国があります。（上図は、各国の刑事責任年齢についてのグラフですが、7歳と14歳における刑事責任年齢が突出していることがわかります。これは、先進国をはじめとして多くの義務教育国では、14歳から、義務教育のない途上国では7歳から刑事罰が与えられるという、教育課程と同じ傾向が見られます）。

　ところが、ドイツのグーテンベルクが活版印刷の技術を発明し、東洋より遅れて15世紀半ばにヨーロッパにも普及すると、社会は読み書きの必要性を見出すことになります。いままでは、会話さえできればよかったのですが、聖書をはじめとして活字になった本を読めなければ仕事になりません。会話は、学校で教わる必要がありませんし、家庭でわざわざ教える必要もありませんでした。しかし、読み書きは親が教えるわけにはいかず、ある程度文法（グラマー）の知識のある先生が必要となるでしょう。また、会話とは違い、静粛な場所が必要とされます。本を読み、文字を書くためには、騒然とした場所では困難だからです。そこで、学校という教育課程が必要となったのです。

　うまいことに、それまで7、8歳になると家庭を追い出されていた小さな大

② 子どもの誕生、教育の誕生、教育課程の誕生 113

人たちは浮浪者となり、街でギャング化したのでした。多くの少年達（小さな大人）は、生きるためには、盗んだり、人を傷つけたりしなければならない状況にあったのでしょう。街では、そうしたリトルギャングの徘徊は迷惑なことであり、ことに貴族や中産階級のご子息を傷つけでもされたら大変だと思われていました。学校をつくり、そうした浮浪児たちを収容し、社会から隔離する場所として学校はまさに最適でした。お金持ちは、率先して学校をつくり、じゃまな少年を隔離するためにただ収容するのではなく、読み・書き・計算を施す場として、人道的な施設なのだと標榜することができたのです。これが、中世ヨーロッパの子どもたちを学校に通わせるようになった、学校教育の起源です。

　日本でも、長期休暇（夏休みなど）の半ばくらいになると、多くの家庭の親は、「早く学校が始まってくれないかしら」なんて言うでしょう。まさに、今でも学校は社会からじゃまな子どもを隔離しておく機能（裏の機能）を持っているのです。「学校教育は、個性を重んじて、子どもたちの成長をはぐくみ、生きる力を育てる場である」という表の善なる機能だけではなく、ときおり見え隠れする「管理」「効率的」な、あるいは「社会隔離」機能を持っていることを忘れてはいけません。様々な教育裁判は、学校教育のこうした裏機能を伴いながら表の教育的機能の正当性を判断されていることに気付くと思います。

　今日使われているような「善なる意味」での教育という概念は、近代以降に作られたものです。義務教育に至っては、国家の「よりよき労働者」を生産するため、たくさんの子どもをより合理的に管理し、読み・書き・計算を強制的に身につけさせるシステムとして成立しているのですが、人道的な観点からこうした機能を隠し、より教育的な側面を強調するようになったと言えましょう。

　「教育とは、ラテン語に由来する＜引き出す＞という意味である」といったステレオタイプな定義はちょっとあやしいように思います。「子どもの能力を引き出す」という意味での "EDUCATION" の使用は、近代以降のロマン主義的な捉え方によるので、その頃つくられた定義なのかもしれません。

　「したがって、近代の学校システムは、「規律・訓練」という概念によって子

どもたちを秩序の中にはめ込み、学校という一種の権力に自発的に服従する主体をつくりだしてきた」M・フーコー『監獄の誕生』で使われた言葉＜権力の自動化＞という機能を持っていると言えましょう。

「子どもの発見と学校の発明は、けっして人道的なものではなかった」ヨーロッパ中世から18世紀に至る期間の、日々の生活への注視・観察から、子どもと家族についての〈その時代の感情〉を描いた社会史の文献。子どもは長い歴史の流れの中で、独自のモラル・固有の感情を持つ実在（たとえば、無垢で純粋な存在、子供服やお子様ランチ）として見られたことはなかった。〈子ども〉の発見は近代の出来事であり、新しい家族の感情は、そこから芽生えた。かつて子どもは〈小さな大人〉として認知され、家族をこえて濃密な共同の場に属していた。そこは、生命感と多様性とにみちた場であり、ともに遊び、働き、学ぶ〈熱い環境〉であった。だが変化は兆していた。たとえば、徒弟修業から学校化への進化は、子どもへの特別な配慮と隔離への強い関心をもたらしたように。

（『子供の誕生』『教育の誕生』 フィリップ・アリエス著、藤原書店、より）

③ 現代の教育現場と事務処理に追われる教師達

2009年12月の朝日新聞に「小中高生の暴力6万件」という見出しで教育現場の状況が報告されました。記事には、「小中高校生による学校の内外での暴力行為の件数が平成20年度は5万9618件で、前年度より11.5％増え、過去最高であり、特に中学生は初めて4万件を超えるなど増加が目立つ。文部科学省は、都道府県教委の分析として、子供たちが感情を抑えられない、規範意識の低下、といった変化を増加理由に挙げている。」というものです。これをそのまま信じてしまうと最近の子どもたちのイメージをネガティブなものとしてしまいそうです。実際にそうなのでしょうか。

文科省の実際の報告書を見てみると、いくつかのからくりがわかります。

3　現代の教育現場と事務処理に追われる教師達　　115

学校内における暴力行為発生件数の推移

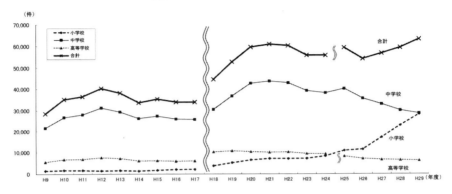

（文科省　平成29年度　児童生徒の問題行動・不登校等生徒指導上の諸問題に関する調査）

　グラフをよく見ると平成時代に２度断層があります。文部省は、昭和57年度からこの調査を始めていますが、平成９年と18年に調査の内容と定義を変えているのです。平成８年度までは中高生の「校内暴力」の調査であり、その定義を「学校生活に起因して起こった暴力行為をいい、対教師暴力、生徒間暴力、学校の施設・設備等の器物損壊の三形態がある」と、当時の時代背景に伴い大掴みな表現をしていました。昭和58年といえば戦後の少年非行の第三のピークと呼ばれていた時です。特に中学校の校内暴力は群を抜いていて、教室の壁はもちろん穴だらけ、男子トイレの便器を仕切る板は無くなり、教師たちはもしもの時のためにホイッスルを支給されたという記事もあります。授業中にバイクや自転車が走りまわり、卒業式には生徒のお礼参りを防備するために、警察をお願いし、配備され、厳戒態勢の中で行われることも珍しくはなかったようです。

　平成９年度からは、公立小学校まで調査を広げ、調査内容も「校内暴力」から「暴力行為」へと変わりました。これに伴い定義も、暴力行為とは、自校の児童生徒が、故意に有形力（目に見える物理的な力）を加える行為を言い、被暴力行為の対象によって、対教師暴力、生徒間暴力、対人暴力、学校の施設・設備等の器物損壊、の４形態に分け、当該暴力行為によって怪我や外傷がある

暴力行為の発生状況

【対教師暴力】

区分		学校総数(校)	学校内						学校外						合計	
			発生学校数(校)	発生学校数の割合(%)	発生件数(件)	※うち、被害者が病院で治療を受けた場合の件数(件)	加害児童生徒数(人)	被害教師数(人)	発生学校数(校)	発生学校数の割合(%)	発生件数(件)	※うち、被害者が病院で治療を受けた場合の件数(件)	加害児童生徒数(人)	被害教師数(人)	発生件数(件)	※うち、被害者が病院で治療を受けた場合の件数(件)
小学校	国立	74	1	1.4	1	0	1	1	0	0.0	0	0	0	0	1	0
	公立	21,974	449	2.0	1,044	136	647	819	4	0.0	4	0	3	5	1,048	136
	私立	210	4	1.9	8	0	6	6	0	0.0	0	0	0	0	8	0
	計	22,258	454	2.0	1,053	136	654	826	4	0.0	4	0	3	5	1,057	136
中学校	国立	79	2	2.5	3	0	3	4	0	0.0	0	0	0	0	3	0
	公立	10,069	1,954	19.4	6,389	1,613	5,027	5,638	61	0.6	67	24	69	78	6,456	1,637
	私立	758	19	2.5	22	2	25	24	1	0.1	1	1	1	1	23	3
	計	10,906	1,975	18.1	6,414	1,615	5,055	5,666	62	0.6	68	25	70	79	6,482	1,640
高等学校	国立	20	0	0.0	0	0	0	0	0	0.0	0	0	0	0	0	0
	公立	3,871	405	10.5	605	32	610	593	13	0.3	13	1	13	12	618	33
	私立	1,334	102	7.6	145	17	154	147	2	0.1	2	1	2	2	147	18
	計	5,225	507	9.7	750	49	764	740	15	0.3	15	2	15	14	765	51
計	国立	173	3	1.7	4	0	4	5	0	0.0	0	0	0	0	4	0
	公立	35,914	2,808	7.8	8,038	1,781	6,284	7,050	78	0.2	84	25	85	95	8,122	1,806
	私立	2,302	125	5.4	175	19	185	177	3	0.1	3	2	3	3	178	21
	計	38,389	2,936	7.6	8,217	1,800	6,473	7,232	81	0.2	87	27	88	98	8,304	1,827

（文部科学省　前掲調査）

かないかといったことや、怪我による病院の診断書、被害者による警察への被害届の有無などにかかわらずすべてを対象としているのです。

　たとえば、対教師暴力では「教師の胸ぐらをつかんだ」「教諭めがけて椅子を投げつけた」、生徒間暴力では、「生徒同士が喧嘩となり、双方が相手を殴った」「双方が顔見知りで別々の学校に在籍する生徒同士が口論となり、怪我には至らなかったが、身体を突き飛ばすなどした」等を含んでいます。昭和58年当時の校内暴力とはまったくレベルが異なり、教師・生徒間のトラブルをすべて暴力行為と判断してもいいほどの繊細な「有形力の行使」なのです。実際、当該調査の「暴力行為の発生状況」をよく見ると、対教師暴力では被害者（教師）が病院で治療を受けたものは、全体の22％でしかありません。

　おかしなことに、こうした具体的な被害状況や病院で治療を受けた件数などは、平成26年度以降の報告書には一切記載がなくなりました。推測にすぎませんが、社会が過敏になって軽度の暴力（ちょっと小突いた、叩いた、蹴ったなど）も報告・数値化されるようになり、詳細を確認すると通院加療の必要がない暴力であったといった場合が増えたのではないでしょうか。

　たしかに暴力には違いありませんが、昭和58年当時の教師からすると「小中生の暴力が過去最高」という新聞の表現や、暴力に対して「子供たちが感情を

抑えられない」「規範意識の低下」といったもっともらしい原因をあげている現代の大人たちを微笑ましく見ているかもしれません。それほど大人が敏感でヒステリックになっているということなのかもしれません。

115頁に掲載した「文科省　平成29年度 児童生徒の問題行動・不登校等生徒指導上の諸課題に関する調査」のタイトルが以前と変わったことにお気づきでしょうか。じつは、平成29年2月より「教育機会確保法」が施行され、「不登校の児童生徒やその保護者を追い詰めることのないよう配慮するとともに、児童生徒の意思を十分に尊重して支援が行われるよう配慮すること。不登校というだけで問題行動であると受け取られないよう配慮すること。」という対応が歴史的に見直されたことが原因です。これに伴い、平成29年度の報告書の名称も「児童生徒の問題行動・不登校等生徒指導上の諸課題に関する調査」と問題行動と不登校は別表記になったのです。これまでは、子どもたちの学校復帰が大前提とされ、学校に戻ることを無理強いされてきた12万人を超える不登校の小中学生や親たちにとっては、自己否定から楽になれるという利点はありますが、国会の審議でもあったように、学校に行かないことを助長するのではという根強い意見やむしろ学校を充実させるべきだという正論はをどこかへ行ってしまいました。

学校以外の居場所を義務教育として認めるとなれば、憲法や教育基本法の就学義務に矛盾することにならないかという法的問題もあるでしょう。こうした問題をクリアーせずに、人にやさしい法律（障害者差別解消法なども同様）を成立させるだけで議員の責務を果たしたと考えるのはどこかおかしいのではないでしょうか。単に法律の成立（単独多数の状況では容易）が政治家の票集めとなり、その法律の実行性・実現性は大したことがないということはよくある話ですが、教育においても児童生徒のことを考えない政治的な対応だといっても間違いではなさそうです。

平成18年に改正された教育基本法の前文には、改正前の教育基本法で使われた「個人の尊厳」を再び記載しています。この「個人の尊厳」は前述したように、憲法第24条と同じく「個人の尊重」の誤用だと思われます。また、以前に

はない「伝統を継承し」という言葉が入りました。過去の伝統を軽んじる風潮を懸念して、中教審の答申や教育改革国民会議の考えが反映されているのでしょう。国家の認識する子ども像に基づく求められる学校教育の方針が明確に表されています。

おもしろいことに、『千と千尋の神隠し』のパンフレットには、教育改革国民会議の言葉と大変よく似た言葉が、宮崎監督のコメントとして紹介されていました。『千と千尋の神隠し』は、本来子どもたちが持っているはずの「生きる力」を取り戻すための舞台装置を、魔女が経営する「湯屋の世界」に作り上げ、10歳のひ弱な、自分では何もできない少女の生きて行く姿として、また挨拶やお礼をきちんと言える礼儀正しい子どもへと成長（？）して行く姿として描いた作品だと言えます。皮肉にも、親や大人たちが子どもに手をかけ過ぎる現状を、湯婆とその息子の坊の親子関係に投影してもいました。

次の３つをよく比較してみてください。

教育基本法　前文

　我々日本国民は、たゆまぬ努力によって築いてきた民主的で文化的な国家を更に発展させるとともに、世界の平和と人類の福祉の向上に貢献することを願うものである。

　我々は、この理想を実現するため、個人の尊厳を重んじ、真理と正義を希求し、公共の精神を尊び、豊かな人間性と創造性を備えた人間の育成を期するとともに、伝統を継承し、新しい文化の創造を目指す教育を推進する。

教育改革国民会議報告──教育を変える17の提案──（2000年12月22日）

　「21世紀は、ITや生命科学など、科学技術がかつてない速度で進化し、世界の人々が直接つながり、情報が瞬時に共有され、経済のグローバル化が進展する時代である。世界規模で社会の構成と様相が大きく変化し、既存の組織や秩序体制では対応できない複雑さが出現している。個々の人間の持つ可能性が増大するとともに、人の弱さや利己心が増大され、人間社会の脆弱性もまた増幅されようとしている。従来の教育システムは、このような時代の流れに取り残されつつある。」

3 現代の教育現場と事務処理に追われる教師達　119

中教審第一次答申：21世紀を展望した我が国の教育の在り方について

（1996年 7 月19日）

　「我々はこれからの子供たちに必要となるのは、いかに社会が変化しようと、自分で課題を見つけ、自ら学び、自ら考え、主体的に判断し、行動し、よりよく問題を解決する資質や能力であり、また、自らを律しつつ、他人とともに協調し、他人を思いやる心や感動する心など、豊かな人間性であると考えた。たくましく生きるための健康や体力が不可欠であることは言うまでもない。我々は、こうした資質や能力を、変化の激しいこれからの社会を［生きる力］と称することとし、これらをバランスよくはぐくんでいくことが重要であると考えた。」

宮崎監督の言葉（2001年『千と千尋の神隠し』チラシ文より）

　子供達はハイテクに囲まれ、薄っぺらな工業製品の中でますます根を失っている。私たちがどれほど豊かな伝統を持っているか、伝えなければならない。伝統的な意匠を、現代に通じる物語に組み込み、色鮮やかなモザイクの一片としてはめ込むことで、映画の世界は新鮮な説得力を獲得するのだと思う。それは同時に、私たちがこの島国の住人だということを改めて認識することなのである。ボーダレスの時代、よってたつ場所を持たない人間は、最も軽んぜられるだろう。場所は、過去であり歴史である。歴史を持たない人間、過去を忘れた民族は、またかげろうのように消えるか、ニワトリになって喰らわれるまで卵を生み続けるしかなくなるのだと思う。観客の10歳の女の子達が、本当の自分の願いに出会う作品に、この映画をしたいと思う。

　前記、児童生徒の問題行動調査のタイトルが変わったという問題提起に関連しますが、8 年前の当該調査報告書は、例年より 2 か月以上も早い（例年11月末）発表でした。「小・中・高等学校における暴力行為の発生件数は、約 6 万1 千件と、前年度（約 6 万件）より約 1 千件増加し、小・中学校においては過去最高の件数に上った」という報告です。同調査では、いじめの認知件数も、不登校生徒数も、中途退学者数も減っているいっぽうで、暴力行為だけが昨年に続き過去最高になったという内容です。

　しかし、昨年と違って朝日新聞の記事は、34面の社会面の隅で、しかも他の新聞社が、文科省の発表の翌日（ 9 月16日）の記事であったのに対し、遅れること10日、9 月26日でした。他の新聞社が相変わらず「小中高の暴力行為が過

去最多を更新」としたのに対して、扱いは控えめで「いじめ激減」という見出しが使われていました。統計資料も捉え方、扱い方によってネガティブにもポジティブにも表現できることに注意してみなければならないでしょう。暴力に対して「子供たちが感情を抑えられない」「規範意識の低下」といったもっともらしい原因を書きたてる時は、本当にそうなのかを疑ってみることも必要でしょう。

第**9**章　幸福追求権の中身と自己決定

1　新しい権利はどこまで認められるのか

　基本的人権は、19世紀的なものから20世紀的なもの、そして社会的背景の変化とともに憲法には直接規定のない新たな人権も生まれてきました。今後もさらに新しい人権として認められるものもあるでしょう。ただ、人権として認定できるものと単なる社会的権利主張（景観や眺望）や個人の嗜好（服装や髪型、趣味やスポーツ、飲酒や喫煙など）と考えられるものがありますので、注意が必要です。たとえば、嫌煙権、肖像権などは社会的には認知されているように思われますが、判例でもきちんと憲法上の人権だ（積極的に当該権利がある）と認められたことはありません。ですから、憲法改正議論の中で、新たに憲法上の明記を予定しているものが多くあります。

　そもそも、新しい人権の多くは、憲法第13条の中にある「幸福追求に対する国民の権利」という文言を根拠に、社会的背景（たとえば、社会が豊かになり、技術の進歩、価値観の変化など）の変化に応じて「幸福追求」の中身のひとつとして主張されるようになったものです。その歴史的起源は、1776年のアメリカ独立宣言における「われわれは、自明の真理として、すべての人は平等に造られ、造物主によって、一定の奪いがたい天賦の権利を付与され、その中に**生命、自由及び幸福の追求**の含まれることを信じる。また、これらの権利を確保するために人間の間に政府が組織されたこと、そしてその正当な権力は被治者の同意に由来するものであることを信じる。」に求めることができるでしょう。

　合衆国憲法修正第9条が、「憲法に諸権利が列挙されたという事実をもって、

122　　第9章　幸福追求権の中身と自己決定

人民の保有する他の諸権利を否認し、または軽視するものと解釈することはできない」と規定したこととあいまって、「生命、自由及び幸福追求」という言葉は、憲法に列挙されていない人権を包含する**包括的基本権**として機能するものと理解されています。幸福追求権が、新しい人権の根拠となるという考えが認知されると、憲法第13条から導き出される様々なものが憲法上の権利であると主張され、たとえば、嫌煙権、喫煙の自由、環境権、静穏権、酒造りの自由、バイクに乗る自由、髪型の自由、服装の自由、中絶する権利、自殺する権利、平和的生存権などが実際に憲法上の権利であると訴訟で主張されました。

　そこで、幸福追求権から導き出される権利とは何かが改めて問われることになりました。

　１）人格的利益説（個人の人格的生存に不可欠な利益）：多数説
　　生死に関する自己決定、リプロダクションに関する自己決定、プライバシー権など
　　⇒　こうした人格権は人権として保障を受け得るが、服装・髪型など生活様式を選択する自己決定権が人権として保障されるか否かには争いがある。
　２）一般的行為自由説（あらゆる生活領域における行為の自由）：少数説
　　バイクにのる自由、髪型・服装の自由、喫煙の自由など
　　⇒　個人の自由な行為が人権としての保障を受けるとする
　○次のような点に注意が必要
　　①人権のインフレ化とならないか。「人権」は、法的紛争においてはいわば「切り札」であるから、何もかも人権と呼ぶとすれば、値崩れ（相対化）が起こる。
　　②何が大切かは個人個人で異なる（価値相対主義）とすれば、国が一方的に○○は「人間としての生存に不可欠」とは言えないと断定することには消極的であるべきである。他方、元々「人権」であるか否かは、社会的な承認を得るべきものであるとも言える。
　　③人権は、個人の尊重を基盤とし、多数者＝国の決定によっても侵害されないという性質を持つ。嫌煙権、環境権などが国に対して少数者がもつ個人の権利という性質を持つかは疑わしい。

　憲法第13条は包括的基本権だという言い方がなされます。人権は14条以下に列挙されている憲法上の権利のみに限定されるわけではないので、人格的利益説では幸福追求権を「個人の人格的生存に不可欠な利益を内容とする権利の総

体」と考えました。いっぽう、一般的行為自由説は、他者の利益を害しないあらゆる行為の自由が幸福追求権の保護対象となると考えました。この対立は、人権論の想定する人間観（人間とはいかなるものか）の側面と人権保障の担い手として誰に期待するかという側面の対立を含んでいますから、それぞれの側面のもつ意味を理解しておく必要があるでしょう。

　まず人間観の側面ですが、人格的利益説は、人権の主体としての個人を「自らが最善と考える自己の生き方を自ら選択して生きていく人格的・自律的主体」と想定して、人格的・自律的生のために必要不可欠な利益を包括して人権と考えるものです。ここでは、個々人が自ら自由に最善と思う生き方を選び取って生きていくという「生」のあり方が重視されていますから、個々人にそれを判断する能力（自律）があることが前提とされます。

　これに対し、一般的行為自由説は、個人を「ごく限られた能力しかもたない存在」と考え、何が最善かを予め選択して生きていくというよりは、何か善い生き方を探り出そうとして行動し、失敗を繰り返す経験の中から少しずつ学び取っていく存在と考えています。人権とは、そのような試行錯誤を許すことで、人格的・自律的生を生きようとする者から見ればつまらないと思われるようなことも、自由に行うことが許されるべきだと考えるというものです。

　両説の具体的な違いは、生徒の髪型とかバイク運転といった自由が幸福追求権によりカバーされると考えるかどうかといった点においては、前者では否定され、後者では認められる可能性があることになります。

　対立のもうひとつの側面は、保護に際して裁判所にどの程度の役割を期待するのが適当かという問題に関係してきます。両説ともに幸福追求権を具体的権利と考えますから、具体的に幸福追求権の侵害が問題となれば、裁判所が介入することができるということになります。したがって、後者のように幸福追求権を広く含むとすれば裁判所の介入しうる範囲も広がり、前者のように幸福追求権を限定的に考えれば、裁判所の介入も限定されるということになります。

　たとえば、学校での髪型が規制され、生徒が幸福追求権を主張して直さなかったため不利益を被った時、その是非を裁判の場で争うのが適切か、それとも

124　第9章　幸福追求権の中身と自己決定

政治的、もしくは市民活動的なプロセスで争うのが適切なのかという問題です。ただし、両説とも、幸福追求権について個別の人権（14条以下）を包括するひとつの具体的権利と理解していることには違いはありません。しかし、そうだとすると、人権侵害を主張する時には、常に幸福追求権だけを援用すれば十分で、憲法上の個別的人権のどの人権の問題とするのがよいかなどと迷う必要もなくなるので、憲法の明示する個別人権規定を無用だと考えることもできるでしょう。

　したがって、幸福追求権は、人権の基本原理を定めた抽象的権利規定と理解すべきでしょう。それは、すべての個別人権を包括し、かつ、それ以外の潜在的な人権をも包括した抽象的権利規定であり、個別の人権の源泉、母胎となる権利であって、ひとつの具体的権利ではないと考えます。個別の人権を生み出す根拠となるもので、現実にそこからいくつかの個別の人権が生み出され、第14条以下に規定されているという考え方です。そして、個別の人権は憲法の人権規定に限定されるのではなく、社会の変遷の中で「新たな個別の人権」がそこから生み出されていくと考えるのです。

　個人情報の保護という問題で考えれば、傍受、盗撮、情報の大量蓄積・操作などを可能とする技術の発展が、今日重大な侵害の危険を生み出すことになりました。こうして新しい人権を保障する必要が生じた時、それに対処する典型的な方法は、憲法改正により個別の人権として憲法に書き込むことですが、憲法改正という仰々しい手続きの前段階として、解釈と裁判所の判例を通じて新しい人権を形成していくという方法も可能だということです。「憲法上の人権」は憲法によって初めて与えられたものではなく、憲法以前に存在する権利（生まれながらの権利）に、憲法的保障を付加したに過ぎないという人権理解はここからきているのです。

　このように考えるとすると、幸福追求権を根拠にして生み出される「新しい人権」は、憲法の規定する個別の人権に匹敵するほど重要で、具体性を持つものに限定されなければならないと言えるでしょう。したがって、やはり人格的利益説の考えの方がより適当であると考えられるでしょう。

② 人が追い求める幸福とは何か――最大幸福社会と最小不幸社会

　民主党政権のリーダー菅首相は、「最小不幸社会」という言葉を掲げ、貧困や紛争の撲滅に政治が積極的に関与していく姿勢を明らかにしました。菅首相は、「政治の役割というのは、国民が不幸になる要素、あるいは世界の人々が不幸になる要素をいかに少なくしていくのか、最小不幸の社会をつくることにあると」と述べ、国民が幸福を求めることには政治が関与すべきでなく、貧困や戦争をなくすことにこそ政治が力を尽くすべきだという考えを示しました。

　この言葉、実は社会学者の宮台真司（首都大学東京）教授が、「リベラリズムとコミュニタリアニズム」の説明で用いた言葉「最大多数の最小不幸」の原則から借用したようです（http://www.miyadai.com/　参照）。ブログを辿ると2003年11月には既にそうした表現が使われていましたので、菅首相の造語ではないことがわかります。

　では、「最大多数の最小不幸」とは何でしょうか。

　70〜80年代にかけて、政治哲学では、リベラリズム、コミュニタリアニズム、リバタリアニズムの原理的問題が活発に議論されていました。今はやりのハーバード大学マイケルサンデル教授の「白熱授業」で取り上げられていますが、30年も前に既に議論されていた問題です。自由至上主義と訳されるリバタリアニズムに対して、リベラリズムは自由の前提たる公正（平等）を実現する再分配が必要だとして、公正の基準に「社会のどこに生まれ変わっても耐えられるか」という立場の入れ替え可能性を重視しました。これに対しコミュニタリアニズムは、「どこに生まれ変わっても耐えられる社会」は人によって違うので、立場の入れ替えはできないとして不可換な自己を構成し、その自己が共同体というベースよって培われるのだとして、むしろ共同体的伝統を重視したのです。

　たとえば、自分が属する共同体の外の人なら耐えられることに、共同体内の人が耐えられない場合があり、そのことがかえって、共同体成員のアイデンティティ形成になっているというのです。共同体外の人が皆時間のルーズさに耐

えられるのに、共同体内の人だけが耐えられない場合、内の人が外の人に「あなたが私と入れ変わっても、この時間のいい加減さに耐えられるか」と問い詰めても、「耐えられるさ」で終わってしまう程度の問題も、内の人にとっては自分たちらしさを失う気がして耐えられないものだと言えるでしょう。これでは、リベラリズムは共同体を主体とするリバタリアニズムを克服できないので、より多くの異なる共同体が「それは自分たちなら耐え難い」と感じる事柄から政策的に手当てすることにしてはどうかというのです。つまり、何が

マイケル・サンデル『これからの「正義」の話をしよう』
早川書房

幸福かは、個人ごと共同体ごとに違うはずですが、痛い・苦しい・辛い・死ぬのは誰もが共通して嫌ですから、こうした幾つかの不幸については多くの共同体において立場の入れ替え可能性が成立しやすいことになります。では、そうした最小不幸を目指すところから順に手当てしよう」という考えのことを、「最大多数の最小不幸」と宮台教授は名付けたわけです。

　ここで、ハーバード大学マイケルサンデル教授の「白熱授業」の中から、幸福について設定された課題の中でおもしろい問題を例にして一緒に考えてみましょう。ふつう、どこの国も移植のための臓器売買を禁止しています。しかし、自分の体の所有者は自分であり、臓器を得ることも自由であると考える人もいます。まして、腎臓は2つありひとつの腎臓を提供した場合でも、残りの腎臓で生きて行けるから道徳的にも問題ないというのです。では、次のような場合どうでしょう。

　　まず、あなたの腎臓の一つを買おうとする人が、まったくの健康体だとしてみよう。その人はあなたに対して（あるいは、発展途上国の貧しい農民に対してという方が現実的だが）8000ドルを提示しているが、それは臓器移植を緊急に必要としているためではない。その人物は一風変わった美術商で、話の種になる卓上用の置物として人間の臓器を金持ちの顧客に売ろうとしているのだ。こうした目的のための腎臓売買を許容すべきだろうか。（マイケル・サンデル『これからの「正

義」の話をしよう』早川書房、2010年、p.95）

　自分自身の持ち主は自分であると考えているのなら、「ノー」というのはかなり苦しくなるでしょう。問題は目的ではなく、自分の所有物を望む通りに処分をする権利の是非なのですから、臓器の不真面目な利用を拒絶し、命を救う目的に限定した臓器売買を認めることは無制限の所有権を認めないことになり、論理に一貫性がないことになります。

　　あるインドの村の貧しい農夫が何とかして子どもを大学に行かせたいと考えている。資金をつくるために、その農夫は片方の腎臓を移植を必要としている金持ちのアメリカ人に売る。数年後、２番目の子どもが大学入学年齢に近づくと、別の買い手が村にやってきて農夫の２つ目の腎臓に高額な値段をつける。腎臓がなくなれば農夫は死ぬことになるが、２つ目の腎臓を売る自由を農夫に認めるべきだろうか。（前掲書、p.96）

　臓器売買を支持する根拠が自己所有の概念にあるとすれば、その農夫は一方の腎臓の持ち主ではあるが、もう一方の腎臓の持ち主ではないと考えるのはおかしい。誰であれ金のために命を差し出すまでに追い込まれてはならないと言って反対する人もいるでしょうが、自分の体と命を所有しているなら、農夫はもう一方の腎臓を得る当然の権利を、それが命を売るに等しいとしても、持っていることになります。実際、1990年代のカリフォルニアの刑務所にいた囚人が、自分の娘に２つ目の腎臓を提供しようとして、病院の倫理委員会が認めなかった例がありました。

　もちろん、買い手の命を救う一方で売り手の命を危険にさらすことのない臓器売買だけを認めることには合意できます。しかしこうした方針は、自己所有権の原理に基づくものではありません。我々が自分の体と命を本当の意味で所有しているのであれば、目的やリスクを考えた上で臓器を売るかどうかを決めるのは、（外部の人ではなく）われわれ自身でなければおかしいはずです。

　　2001年、ドイツのローテンブルクという村で、奇妙な出会いが現実のものとなった。ソフトウエアー技術者のベルント＝ユルゲン・ブランデス（43歳）は、殺

128　第9章　幸福追求権の中身と自己決定

され、食べられたいと願う者を募集するインターネット広告に応募した。広告を
出していたのは、コンピュータ技術者のアルミン・マイヴェス（42歳）だった。
マイヴェスは金銭的報酬を一切支払わず、「その経験」を味会わせるだけだとして
いた。広告には約200人から応募があった。そのうち、4人がマイヴェスの農場の
家に話を聞きにきたものの、興味がないと言って帰って行った。ところが、ブラ
ンデスは、マイヴェスと会ってコーヒーを飲みながら彼の提案を検討し、その話
に乗ったのだ。マイヴェスは、そのままブランデスを殺害し死体を切り分け、ビ
ニール袋に入れて冷凍庫に保存した。逮捕された時には、「ローテンブルク食人鬼」
は、自ら犠牲となった者の肉をオリーブオイルとニンニクで調理し、20キロ近く
食べてしまっていた。マイヴェスが裁判にかけられると、その身の毛もよだつ事
件は人々の興味をかきたて、裁判所をあわてさせた。ドイツには「食人」を罰す
る法律はない。弁護側は、被告人を殺人罪に問うことはできないと主張した。犠
牲者は自らの死に進んで関与しているからだ。マイヴェスが雇った弁護士は、依
頼人は「嘱託殺人」の罪を犯したにすぎないと論じた。これは、自殺幇助の一形
式であり、最高で5年の判決を受けるだけですむ。裁判所はこの難題を解決しよ
うと、マイヴェスを過失致死罪に処し、懲役8年6カ月を言い渡した。だが、2
年後、控訴審はその判決を甘過ぎるとして覆し、マイヴェスに終身刑を言い渡した。
この気味の悪い物語は、奇妙な結末を迎える。その食人殺人者は、工場式畜産は
残酷だという理由から、獄中で菜食主義者（ベジタリアン）になったそうだ。（前
掲書、p.99）

　同意の上での食人は、自己所有権というリバタリアンの原理からすれば、認め
られるべきことになります。自分の体と命は自分のものだから、自分の好き
なように使ってよいからです。この考えが正しいとすれば、同意の上での食人
を禁止することは公正ではなく、自由に対する権利の侵害だといえます。ブラ
ンデスは自らの願望を果たすべく同意し、食されたのですから、ブランデスに
とっての幸福追求は実現した一方で、マイヴェスの行為は社会通念からすると
タブーとされるものなので、適用法令がないとしても処罰をしないと社会秩序
が保てないとの判断から、国は現行法の解釈でできうる限り最大の処罰を考え
たのでしょう。しかし、リバタリアンの原理からすれば、国家が貧しい人への
救済のためという理由だけで、金持ちに多額の課税ができないのと同じく、あ

る人の幸福追求のために手助けをしたマイヴェス（不幸？にもどちらの嗜好も合致した）を処罰できないと言えましょう。

　このように、人の幸福とは何かと考えると、個人や共同体ごとに違った幸福への願望が表現され、そうした場合の国家のとるべき手当は何かを判断することが難しくなります。その上、政策的にどこまで対応できるかは、その国家の財政状況ともかかわってきます。何が幸福かは個人ごと共同体ごとに違いますが、不幸については多くの共同体において立場の入れ替えが可能で共通項が成立しやすいと考えられますから、むしろ痛い・苦しい・辛い・死ぬといった誰もが避けたい嫌なこと、そうした最小不幸を目指すところから順に手当てしようと考えることは、ひとつの有効な答えかもしれません。ブランデスの願望とマイヴェスの行為は、2人にとっての幸福かも知れませんが、社会全体としての最小不幸に該当し、見過ごすわけにはいかなかったということなのでしょう。

③　自己決定は幸福のための手段か

　前節では、極端な例を挙げながら幸福という曖昧な概念を権利に押し上げる難しさを考えてもらいましたが、もう少し現実的な問題を例に、同じく憲法第13条の幸福追求から導き出されるといわれる「自己決定権」について考えてみましょう。

　一般的に、「自己決定」の捉え方には3つ考えられます。①その人のことはその人自身が一番よく知っているから（幸福達成手段の効率化）自己決定が幸福につながる。②他人任せにせず、自分で考え、自分で決めることで成長し、失敗したとしてもそれを糧に成長できるから（成長的価値）自己決定は幸福につながる。③本人が自分の生き方を自分で選択したことに、結果に還元できない意義があるから（象徴的価値）自己決定は幸福につながる。

　この3つのとらえ方は、誰しも肯定できる幸福追求の手段といえるでしょう。しかし、現代社会の中で私たちがしばしば用いる「自己決定」は、「自己責任」を伴う「自己決定→自己責任」の関係で、自己決定よりも自己責任が強調され

てしまい、結局、自由な自己決定を阻害してしまうことにつながります。「君には自由に選択する権利がある。ただし、その結果に対しては自分で責任を負うのだよ」というわけです。

「自己決定」の３つのとらえ方で言えば、①の「幸福達成手段の効率化」の意味で使われることが多く、しつけや教育現場においても、こうした効率化に重きを置いた責任回避の手段として使われることがよくあることに気付くでしょう。

たとえば、「子どものため」と言いながら、実は「親の都合」である場合に、有効な戦略として「子どもの自己決定」が機能してきた傾向があります。しかし、子どもの自律性を尊重する人（リベラリスト）にとっても、子どもに何かを押しつける人（パターナリスト）にとっても「その子を大切に思っているからだ」ということに違いはありません。むろん、自律を尊重する人であっても、自己決定が「自分勝手」を助長しはしないかという不安をどこかに持っています。したがって、心配が重なると、時として「権利には義務が伴う」などと諭したり、「本当に責任がとれるのか」と再考を促したりすることがよくあります。ところが、子どもから「責任は自分がとる」などと簡単に言い返されると、今度はその軽率な判断のあとに深い悲しみがあることを示すために「〇〇が悲しむぞ」などと情に訴え、「親から授かった身体ではないか」などと説いたりもします。

「押しつけることも、その子を大切に思っているからなのだ」という思いが心のどこかにあり、「子どもを尊重すること」の中に、時に「子どものいうことと反すること」（子どもにとっての幸福が、親にとっての幸福であるとは限らない）とがあるからです。子どもの好きにさせて失敗を体験させる冷ややかな視線よりも、子どもにつらい思いをさせたくないという思いは、親心に共通しているものです。パターナリズムが教育的に有意なのは、「押しつけが子どものためにならず、かつ子どもが自己決定に失敗しても、それがその子の成長に結びつく」ことがわかっている場合に、自己決定の価値をいっそう高めるところにあると言えるでしょう。ただし、そうした条件が結果を必ず予測できるわけ

ではありませんので、結局、親の思いに子どもを従わせることが最善ということになるかもしれないし、子どもの思いどおりにやらせ、痛い思いをさせ、経験させれば解るだろうというクールな最善ということになるかもしれません。

　重要なのは、その人のことはその人自身が一番よく知っているからという、「幸福達成手段の効率化」（責任判断の効率化）のための自己決定を利用するのではなく、人任せにせず、自分で考え、自分で決めることで成長し、失敗したとしても次のステップのための糧となるから（成長的価値）という意味、本人が自分の生き方を自分で選択したことに、結果に還元できない意義があるから（象徴的価値）という意味において、なのではないでしょうか。

　特に、子どもにとって自己決定に意義があるのは、自分で決めることに「成長的価値」が見出せた場合であり、失敗しても過ちから学んで成長するためのやり直す機会が必ず与えられていることが前提になければならないでしょう。自己決定は、自己責任を前提とするのではなく、社会のフォローを共通基盤として成長的価値と象徴的価値に意味を見出すことが必要です。国家は、そのための寛容性（社会の道徳的成熟性）をどれほど持てるのか、幸福追求が権利として実体化するかどうかは、ひとえにそうした成熟度の問題にかかわっていると言えます。

第10章 参政権があるだけでは民主主義とはいえない
多数決の原理の不思議

① 少数意見の尊重が多数決を生かす

　日本の政治は、正当に選挙された国会における代表者によって行われる（憲法前文）ことになっています。そして、憲法第15条第3項で、選挙については成年者による普通選挙を保障するとしています。ふつう、国政選挙では有権者1人につき1票を投じる選挙権があって、小選挙区選挙では有効投票数の最も多い候補が当選するというルールになっています。これは、多数決の原理に基づくもので、民主主義の下での意思決定は、通常多数決によって行われることに由来するのでしょう。

日本国憲法　第15条
1．公務員を選定し、及びこれを罷免することは、国民固有の権利である。
2．すべて公務員は、全体の奉仕者であつて、一部の奉仕者ではない。
3．公務員の選挙については、成年者による普通選挙を保障する。
4．すべて選挙における投票の秘密は、これを侵してはならない。選挙人は、その選択に関し公的にも私的にも責任を問はれない。

　ただ、多数決といっても単に数が多ければいいというものではなく、「少数意見の尊重」を前提にした上での多数決でなければならないとよく言われます。これは、J・S・ミルが『自由論』で述べた言葉によるものです。彼は、少数意見を尊重することこそが民主主義の原点であり、社会に多大な利益をもたらすと主張しています。

ジョン・スチュアート・ミル　『自由論』より（文中下線は筆者）

「……個性の自由な発展は幸福の主要な要素である。それはまた、文明、知識、教育、教養といった言葉で表現されているものの必須の要素でもある。このことが痛感されているならば、自由の軽視される危険は存在せず、自由と社会による統制との境界を調整することについても、特別の困難を惹起しないであろう。

　不幸なことに、一般の考えによると、個人の自発性が固有の価値をもち、それ自体のゆえに尊敬に値するものであることは、ほとんど認められていない。大多数の人々は、現在のままの習慣に満足しているので、これらの習慣が必ずしもすべての個人にとって満足すべきものではないわけを理解することができない。意見の発表を沈黙させるということは、それが人類の利益を奪い取るということなのである。それは現代の人々の利益を奪うとともに、後代の人々の利益をも奪う。それはその意見をもっている人の利益を奪うだけではなく、その意見に反対の人々の利益さえ奪う。

　もしその意見が正しいものならば、人類は誤謬を捨てて真理をとる機会を奪われる。また、たとえその意見が誤っていても、これによって真理は一層明白に認識され、一層明らかな印象を与えてくれる。反対意見を沈黙させるということは、真理にとって少しも利益にならない。<u>対立する二つの意見のうち、いずれか一方が他方よりも寛大に待遇されるだけではなく、特に鼓舞され激励されるべきだとすれば、それは少数意見の方である。少数意見こそ、多くは無視されている利益を代表し、またその正当な分け前にあずかることができないという恐れのある人類の福祉の一面を代表している意見なのである。反対者の意見をありのまま受け止める冷静さをもち、反対者に不利になるようないかなる事実をも誇張せず、また反対者に有利となる事実を隠そうとしない人々に対しては、彼らがどのような意見をもっていても、敬意を払わねばならない。</u>

　これこそは公の道徳である。この道徳はしばしば守られていないが、これを誠実に守っている人がいて、さらに守ろうとして良心的に努力している人々も大勢いる。このことを私はとても嬉しく思っている。人間は間違いをおかすものだ。そして真理と考えられているものも、その多くは不十分な真理でしかない。意見の一致が得られたにせよ、それが対立する意見を十二分に比較した自由な討論の結果でない限り、それは望ましいことではない。

　人類が現在よりもはるかに進歩して、真理のすべての側面を認識できるようになるまでは、意見の相違は害悪ではなくてむしろなくてはならぬものである。そして

134 第10章 参政権があるだけでは民主主義とはいえない

なったこと生活の実験が存在していることもまた有益なのである。」（山岡洋一訳、光文
社古典新訳文庫）

　しかし、基本的に多数決の原理のもとでは、少数派の意見は、結果として実
現され得ないのが普通ですので、決まってから少数意見を尊重していないと抗
議するという場合は、その過程で十分な議論がなされなかったか、少数派の人
たちが多数決の原理を十分に理解していなかったからだということになるでし
ょう。

　たとえば自分が少数派ならば、その願いはおそらく実現しないだろうという
了解の上で、できうる限りの交渉を行いその結果、多数決の決定がなされたな
らば、結果に従わざるを得ないと考えるのが普通でしょう。たしかに話を聞く
機会も与えられず採決に至ったならば、「数の暴力だ」とか「多数派の横暴」
だと言うことになりますが、多数決の原理自体に「数の優位性」が内在してい
るわけですから、そうした経過を経た上（採決するまでの過程で少数意見を聞く
機会をきちんと設ける）でも数の横暴だというのであれば、それこそ少数派の
我儘だとも言えましょう。ですから、どこまで少数派の意見を尊重すべきなの
かは、大変難しいところです。

　このことは、国会法第54条にも規定されていて、単純に数の多い方を勝ちに
すればよいというわけではないことがわかります。委員会が廃棄した少数意見
であっても「出席委員の10分の1以上の賛成」がある場合は、「議院に報告す
ることができる」としています。しかし、同条の第2項を見ると、「報告して
もいいけど、少数意見なのだから長い時間は聞いていられないよ」というかな
りシビアな扱いをしています。やはり現実は少数意見に対して厳しいことがわ
かります。

国会法　第54条

1. 委員会において廃棄された少数意見で、出席委員の十分の一以上の賛成がある
　 ものは、委員長の報告に次いで、少数意見者がこれを議院に報告することができる。

この場合においては、少数意見者は、その賛成者と連名で簡明な少数意見の報告書を議長に提出しなければならない。

2．議長は、少数意見の報告につき、時間を制限することができる。

3．第1項後段の報告書は、委員会の報告書と共にこれを会議録に掲載する。

ちなみに、国政選挙においては、泡沫候補の乱立を防ぐことを目的して「供託金制度」というのがあります。衆院選の小選挙区では立候補する時に供託金（あそびや売名行為を防ぐために、本気で候補した証として300万円を選挙管理員会に預ける）が必要となります。そして、選挙の結果、有効投票総数の10分の1を得票できなければその300万円が国庫に没収されることになっています。国会議員への立候補は被選挙年齢の制限以外は自由とは言え、相応の覚悟が必要ということでしょう。先の衆院選や参院選では、「幸福実現党」からの候補が相当数いましたが、2009年の衆議院総選挙では、11億5800万円の供託金を全額没収されたようです。もっとも、メディアのみるところでは、選挙費用の総額では、100億円くらいかけたのではないかとも言われています。少数意見の尊重を考えてみれば、そうした少数政党の意見の政治へのくみ上げは、選挙ではほとんどあり得ないと言えましょう。毎回選挙に立候補する諸派の人や少数政党の人の意見が活かされる時が来るのでしょうか。それでも、選挙の自由が確保されていると考えれば無駄であるとは言えないでしょう。

平等選挙については、男女共同参画社会という言葉がようやく浸透し始めたこの頃ですが、すでに1946年4月、戦後最初の総選挙が行われ、女性の立候補者が84人立ち、そのうち39人の女性代議士が誕生しました。この選挙で日本自由党が第一党となり、吉田茂内閣が成立しましたが、今考えれば、終戦後の女性のパワーはすごかったのでしょう。

皆が平等だと思っている多数決の不思議を考えてみましょう。

136　第10章　参政権があるだけでは民主主義とはいえない

＜嗜好の順位付けのパラドックス＞

　７人がランチをしようと思い、焼肉・寿司・パスタから選択し、どこにいこうか多数決で決めようと考えています。それぞれ、皆の意向を順番付けにして整理してみました。その結果です。（数字は、好みの順位です）

　一番食べたいもの＝１位が３票で焼肉

　一番食べたくないもの＝３位が４票で

　　　　　　　　　　　これまた焼肉。

	焼肉	寿司	パスタ
Aさん	1	2	3
Bさん	1	2	3
Cさん	1	3	2
Dさん	3	1	2
Eさん	3	1	2
Fさん	3	2	1
Gさん	3	2	1

＜代議制民主主義のパラドックス＞

ケース１						ケース２					
選挙区	賛成	反対	代議員	賛成	反対	選挙区	賛成	反対	代議員	賛成	反対
A	51	49	A	○		A	16	14	A	○	
B	51	49	B	○		B	16	14	B	○	
C	47	53	C		○	C	10	50	C		○
合計	149＜151		2＞1			合計	42＜78		2＞1		

　ケース１は、国民の過半数が反対にもかかわらず、代議員の決定が逆になることを示しています。ケース２は、そのような結果を明確にするもので、賛成42に対して、反対が78であっても、代議制では賛成になっていることがわかります。実際に、選挙区の人数は多様ですので、このような結果の可能性も大いにあるといえるでしょう。

２　参政権の及ぶ範囲

　日本国憲法では、主に「日本国民は……」「すべて国民は……」「何人……」の３通り（それ以外もあります）の主語を使い分けています。これらは、何らかの意味があるのでしょうか。

　憲法の人権規定が外国人に保障されるのかという問題については、憲法が

「国民」「日本国民」と規定している場合には外国人には人権保障が及ばず、「何人」と規定している場合には外国人にも人権保障が及ぶとする立場（文言説）もかつては有力でした。しかし、憲法の条文には、「国民」「日本国民」「何人」と記載されているものと主語が記載されていない条文もあります（第19条・第21条第1項など）、第22条第2項は、「何人も、外国に移住し、又は国籍を離脱する自由を侵されない。」と規定していますが、日本国憲法で外国人の国籍離脱の自由を保障しているとは考えられません。よって、日本国憲法では、特に厳密に使い分けているわけではないということになります。

マクリーン事件最高裁判決（最判昭和53・10・4）では、「憲法第三章の諸規定による基本的人権の保障は、権利の性質上日本国民のみをその対象としていると解されるものを除き、わが国に在留する外国人に対しても等しく及ぶ」と判示していますが、外国人に人権保障が及ぶか否かは人権の性質によるという立場（性質説）が、現在では通説となっています。このことに関して、第15条の解釈をめぐっておもしろい質問主意書が出されました。

2010年（平成22年）5月27日、参議院議員山谷えり子氏の質問主意書に対して、日本国政府は2010年6月4日、鳩山由紀夫内閣の閣議で決定し、以下の通りであると、示しています。

憲法第15条第1項及び第93条第2項の規定の趣旨については、最高裁判所平成7年2月28日判決において、「憲法15条1項にいう公務員を選定罷免する権利の保障が我が国に在留する外国人に対しても及ぶものと解すべきか否かについて考えると、憲法の右規定は、国民主権の原理に基づき、公務員の終局的任免権が国民に存することを表明したものにほかならないところ、主権が「日本国民」に存するものとする憲法前文及び1条の規定に照らせば、憲法の国民主権の原理における国民とは、日本国民すなわち我が国の国籍を有する者を意味することは明らかである。そうとすれば、公務員を選定罷免する権利を保障した憲法15条1項の規定は、権利の性質上日本国民のみをその対象とし、右規定による権利の保障は、我が国に在留する外国人には及ばないものと解するのが相当である。そして、地方自治について定める憲法第8章は、93条2項において、地方公共団体の長、その議会の議員及び法律の定めるその他の吏員は、その地方公共団体の住民が直接これを選挙するものと規定しているのであるが、前記の国民主権の原理及びこれに基づく憲法15条1項の規定の趣旨に鑑み、地方公共団体が我が国の統治機構の不可欠

138　第10章　参政権があるだけでは民主主義とはいえない

の要素を成すものであることをも併せ考えると、憲法93条２項にいう「住民」とは、地方公共団体の区域内に住所を有する日本国民を意味するものと解するのが相当であり、右規定は、我が国に在留する外国人に対して、地方公共団体の長、その議会の議員等の選挙の権利を保障したものということはできない」と判示されており、政府も同様に考えているところである。
　　－内閣参質一七四第七七号－平成二十二年六月四日　内閣総理大臣　鳩山由紀夫

　以上のことから、日本国憲法では、外国人には参政権の行使を保障していない事を明らかにしているようです。現在、日本においては日本国籍を有しない外国人には、法律上参政権は与えられていません。日本国憲法第15条は「公務員を選定し、及びこれを罷免することは、国民固有の権利である」と定めているだけで、日本国民にのみ選挙権が保障されているかどうかについては明確ではありません。

　では、外国からの帰化人の参政権（選挙権）についてはどうでしょうか。日本国籍取得者（帰化人）は、日本人と同様の参政権（選挙権・被選挙権）を持つとされています。既に日本に帰化している日本国籍取得者は国政選挙権および地方選挙権をともに持っており、参政権は全面的に認められています。したがって、「日本国籍取得者（帰化人）」と「帰化していない在日外国人」とは区別して考える必要があるでしょう。

　また、日本国籍取得者の被選挙権についてはどうでしょうか。実際に日本の国会議員には、日本国籍取得者が何名か存在しています。たとえば、ツルネン・マルテイ氏（フィンランドから1979年に帰化。民主党参議院議員）、白眞勲氏（韓国から2003年に帰化。民主党参議院議員）、蓮舫氏（台湾から1985年に帰化。民主党参議院議員）などがそうです。帰化された日本国籍取得者は、選挙権および被選挙権の両方を認められていると言えます。

　帰化人以外の定住者の参政権についてはどうでしょうか。外国人の中には、長らく日本に定住している人であっても個々の事情から帰化をあえて選ばず外国籍で居続けている人もいます。彼らは日本国籍を持たないため、実は参政権を得られていないのです。いわゆる在日外国人と呼ばれる人たちですが、もう

少し詳しく見てみましょう。

　在日外国人の在留資格のうち、長期の在留期間を認められているものには、次の３種があります。

　⑴**一般永住者**：外国人のうち法務大臣が永住を許可した者をいう。（在留期間制限なし）

　⑵**特別永住者**：韓国籍・朝鮮籍・台湾国籍・その他の平和条約国籍離脱者とその子孫。（在留期間制限なし）

　⑶**定住者**：法務大臣が在留を特別に許可した日系人とその家族。（在留期間が１年か３年）

　ちなみに、近隣のアジア諸国で、北朝鮮、台湾、中国、ブラジル、フィリピンは、外国人に参政権を与えていません。したがって「相互主義」が成立しないので、日本で参政権を与えることに消極的な傾向があります。外国人参政権を与えている国家としては、EU（欧州連合）：アイルランド、ベルギー、オランダ、ルクセンブルク、スウェーデン、デンマーク、フィンランド、ハンガリー、スロバキア、スロベニア、リトアニア、エストニア、EU非加盟：ノルウェー、アイスランド、ロシア、イギリス連邦：ニュージーランド、北米・南米：チリ、ウルグアイ、ベネズエラ、その他：韓国、イスラエル、マラウイなどがあります。国政レベルでの参政権を認める国は少なく、ほとんどが外国人への参政権を認めるが、地方自治レベルの投票権までというのが現実のようです。

　そういえば、北朝鮮からの脱北者の支援を行っている、関西大学教授李英和氏は、1992年７月の第16回参議院議員選挙で、外国人政党「在日外国人参政権'92」の代表として立候補しようとしましたが、選挙管理委員会の窓口で届出を拒否され、裁判で争いましたが、結局1998年、最高裁は訴えを退けました。その理由は、マクリーン事件最高裁判決と同じで、外国人に人権保障が及ぶか否かは人権の性質によるが、国政における参政権はこれに含まれないということなのです。

　李英和氏は、大変苦労をして大学教授にまでなった人物です。溶接工を勤め

140　第10章　参政権があるだけでは民主主義とはいえない

ながら関西大学経済学部二部を卒業したのち、同大大学院まで進学しています。1991年に、開発経済学者として朝鮮社会科学院へ短期留学をした時に、北朝鮮の極端な個人崇拝と監視社会の実態や経済破綻を知るに至り、危険を冒して集会を行う反体制知識人とも接触したりしたようです。1993年に帰国後、北朝鮮の民主化を目指す「救え！北朝鮮の民衆／緊急行動ネットワーク」（RENK）を結成し、代表を務めながら、脱北者の支援や北朝鮮内部の資料、映像を世界へ公開する活動をしています。彼に興味をそそられるのは、1997年の北朝鮮の最高人民会議代議員選挙において、金正日に対抗して立候補届を在日本朝鮮人総聯合会に郵送したという行動です。当然、受け取りを拒否されたようですが、北朝鮮の民主化への行動力といったら右に出る人はいないでしょう。

　現在、「永住者」の資格を持つ永住外国人は約91万人だそうで、一般永住者の数は約49万人で、年々増加しているということです。特別永住者の数は42万305人で、年々減少しているとのことです。民主党政権では、外国籍を維持しつつ参政権（主に地方選挙権）が得られるように、野党と協力して検討をしているようですが、まだ時間がかかりそうです。

③　投票率と政治的無関心

　最近の若者は、政治に無関心だと言われます。選挙権は民主政治の基盤であることを考えると、大丈夫なのかと心配してしまいます。たしかに、20代の若者の投票率は、極端に低いのですが、これは日本だけの傾向なのでしょうか。諸外国と比較してみてみたいと思います。

　衆議院選挙の投票率は、戦後から90年頃まで概ね70％前後で推移していました。その後、93年以降に降下し、平成年間に入ってからは60％前後を推移することが多くなったことから、「政治的無関心」が広がっていると危機が叫ばれるようになりました。しかし、2005年の小泉元首相のもとで行われた郵政選挙では、争点をひとつに絞ったために選挙に対する関心も高まり、1993年の選挙制度改革以来最高の投票率を記録しています。全体としては下落傾向が見える

3 投票率と政治的無関心

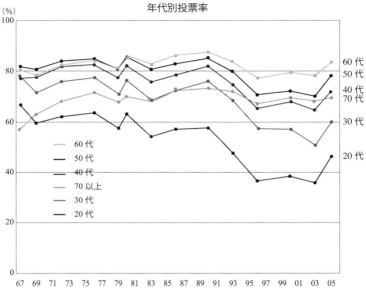

年代別投票率

(三船毅「投票参加の衰退：出生コーホートから見た投票率低下の検証」2006より作成)

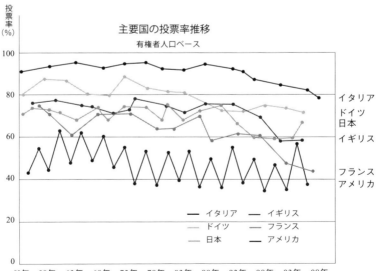

主要国の投票率推移
有権者人口ベース

(国際民主化選挙支援機構 http://www.idea.int/ より作成)

142　第10章　参政権があるだけでは民主主義とはいえない

日本の投票率ですが、世界各国との比較では、どの程度なのでしょうか。前頁下のグラフで、主要国の投票率を見てみましょう。

　アメリカの選挙には、4年ごとに行われる大統領選挙と、6年の任期で1/3ずつ2年ごとに改選される上院選挙および2年ごとに改選される下院選挙（解散はない）があります。4年に一度は大統領選挙と議会選挙を兼ねて選挙が行われ、その間の大統領選挙を伴わない議会選挙（中間選挙）と合わせ、2年ごとに必ず国政選挙が実施されます。中間選挙では政権を入れ替えることはできませんので、事実上現政権に対する支持か不支持かを表明する機会となっています。グラフの通り、アメリカの投票率（推定人口に対する投票率）は、大統領選挙の年でも50％前後、中間選挙では40％前後となっていて、日本を下回るほどの意外と低い数字になっています。これは、事前の有権者登録等、選挙のための手間が煩雑であることも一因として挙げられます。また、二大政党制のもとで政党間の差異が小さくなっていて、どちらに任せても政治は変わらないという意識が有権者の中にあるとも言われています。いずれにせよ、民主主義の国アメリカの選挙戦の盛り上がりを外から見ている者としては、想像以上に投票率が低く感じられます。

　先進国の中で投票率が高いのはイタリアです。イタリアは罰則を設けていないものの、憲法で投票を義務としています。この効果で高い投票率を維持しているのかもしれません。また、グラフにはありませんが、投票義務制を採用していて、なおかつ罰金を科せられるオーストラリアでは、投票率は90％を超えています。国民の政治参加を高めるためには、こうした投票義務制もやむを得ないのかもしれません。しかし、重要なのは国民の政治に対する高い意識であり、自発的に投票に向かうというのがあるべき姿でしょう。

　グラフから、20代と30代の投票率が極めて低いことがわかります。学生運動や安保闘争が盛り上がった60年代、70年代は、これらの年齢層でも投票率は6割を超えていましたが、バブル崩壊後の90年代には、他の年代と比べても特に顕著に落ち込んでいる様子が見えます。2003年の20代の投票率は35.6％と極めて低く、3人に1人しか選挙に行かなかったことになります（総務省選挙部「目

で見る投票率」平成24年3月）。

　この投票率の低下に加えて、少子化の影響によって、若者人口の絶対数そのものが減少していることを考えてみますと、社会を担う主役であるはずの20代と30代の若者を合わせても、投票者全体に占める割合はわずか25.8％と約1／4程度となっています。こうしたことを考慮に入れても、投票所に足を運ばないことは、自らの声が政治に届く機会を逸していると言えます。

　かつて古代ローマでは、権力者が無償で「パン（＝食糧）」と「サーカス（＝娯楽）」を供することで、市民の政治に対する関心をそいだと言います。そうした政治的無関心は、ローマ帝国の没落の原因にもなったとも言われます。日本の政治状況も、選挙の時だけ、眼の前の「パンとサーカス」で有権者をごまかそうとしているようにみえます。社会を担う主役であるはずの20代の若者が政治に無関心であることは、政治家にとって好都合でもあるのでしょう。まだまだ年寄り世代が政治の中心でいられるわけですから、むしろ若者が娯楽やゲームにうつつを抜かしてくれることは、現政治家にとって安泰であるとも言えます。

　しかしながら、ローマの没落のように長い目でみれば、若者の政治的関心と行動力を養えないことは、日本の未来を見失うことにもなるでしょう。選挙は、制度が整っていれば民主的な政治が行えるというわけではありません。その中身を決めて行くのは政治に参加する私たちの真理を見抜く力に他なりません。

　投票することは、民主主義の根幹であり、参政権を持つ者の当然の義務と考えることができます。しかしながら、現憲法にはシステム上無意味ではないかと思われる規定が盛り込まれているという指摘もあります。それは、最高裁判所の裁判官に対する国民審査の制度（憲法第79条2、3項）でしょう。憲法の教科書では「最高裁判所の裁判官の任命は、国会議員とは違い、主権者である国民の選挙によるものではなく、内閣によってなされる。しかし、任命後は国民がその適否を審査することができ、その結果現役の裁判官が罷免されることもありうる。」と書いてあります。一見すると、国民を裁く裁判官が、憲法で定められた方法で国民によって裁かれるという制度は、形として民主主義が強

く現れたものといえます。だが、よく考えてみれば分かりますが、審査する国民は、裁判官の顔も名前も知らないのが現状です。ましてその裁判官が関与した事件の判決文などは読むはずもありません。総選挙に際して事前に配られる「最高裁裁判官の資料」（新聞の折り込み広告とともに組み込まれる参考文書）には、「就任してまだ日が浅いので特に記すべきものはない」などと記述されることもあり、国民が審査しようにも判断がつかないことが多いのです。事実、現在までこの制度で罷免された最高裁裁判官はいません。さらに問題なのは、罷免したい裁判官には「×」をつけることになっているのですが、逆に罷免に反対したい裁判官がいても「○」はつけられないのです。したがって、判断がつかないからつけないのか、いい裁判官だからつけないのかわからないのです。投票する国民の意思がほとんど反映されない制度で、憲法上余計な規定といっても過言ではありません。

$$\boxed{\substack{\text{第}\textbf{11}\text{章}}}$$ 統治機構（国会・内閣・裁判所）は
人権を守る手段である

① 人の支配から法の支配へ

　日本国憲法が成立したのは、第二次大戦の敗戦間もなくの1946年11月5日のことでした。当時の日本は、戦争が終わったという安堵と連合国に負けたという屈辱の入り混じった不安定な心理状態にあったと思われます。そうした状況の下で、新しい憲法が制定されることに関心を持ち、何のために新しく憲法を制定する必要があるのかという法の目的について理解していた人はどれだけいたのでしょうか。「憲法は国民の権利や自由を守るための道具である」とか、「裁判所は国民の自由のために権力と戦う機関である」などとは、おそらく誰も考えてはいなかったことでしょう。

　その証拠に、日本国憲法制定後間もなく発行された『あたらしい憲法のはなし』によると、「……憲法とは、国でいちばん大事な規則、すなわち最高法規というもので、その中には、だいたい二つのことが記されています。その一つは、**国の治めかた、国の仕事のやりかた**をきめた規則です。もう一つは、国民のいちばん大事な権利、即ち**基本的人権をきめた規則**です。……」というように憲法の構成内容にしか言及せず、「統治機構」が「人権」保護のための後ろ盾（目的と手段の関係）になっているという説明にはなっていない点に注目する必要があるでしょう。（太字は著者）

　これまで、多くの国民にとって、「法は支配のための手段や道具」であり、政府が国民の自由や権利を制限するために法を利用してきた事実、しばしば国民の総意の名の下に新たな法律が制定され、国民の自由を制限してきたという

体験から、憲法が新しくなっても日常生活の向上に寄与するものとは考えていなかったでしょう。したがって、「憲法は法の支配の原理に立脚し、公権力から国民の人権を守るための盾である」などという説明や、「人の支配から法の支配へ」という民主主義の基本原理も、まったく逆の受け取り方、すなわち人間が「法によって縛られる」というイメージ、王様が市民を支配する時代から法が市民を支配する時代になったとしか理解できないのです。これは、あながち間違いではなく、法の一面を捉えていると言ってもいいでしょう。法は人間関係を改善したり修復したりするように見えて、実は複雑に絡んだしがらみを一刀両断に切断することで、煩わしい人間関係を遮断し解決しているのが実情であるからです。

　ですから、今でも改憲を主張する人の中には、日本国憲法は「権利ばかりが多くて、国民の義務が少なすぎる」といった批判を真面目に口にする人もいます。「憲法」というものの基本的な考え方が理解されていないために、何の疑いもなくそうした意見を受け入れてしまい、特定の偏狭な価値観を持ち込んである方向に誘導したいと考える人たちに利用されることになっています。2005年につくられたある政党の憲法改正草案では、その前文で「日本国民は、帰属する国や社会を愛情と責任感と気概をもって自ら支え守る責務を共有」するといった一般的な「責務」規定が導入され、憲法がふたたび支配のための道具にされてしまいそうな雰囲気が感じられます。こうした点に注意をしながら、日本国憲法の内容構成に「人権」と「統治機構」が目的と手段として組み込まれているという理由を説明していきましょう。

　そもそも、人権の起源といえばアメリカの独立革命（イギリス本国からの）による独立宣言ということになりましょう。そして、その結果、世界初の成文憲法ができ上がります。アメリカ合衆国憲法です。この憲法（成立当時）は一目見ただけで、日本国憲法と違うことがわかります。抜粋を見てもらいましょう。

1 人の支配から法の支配へ　147

アメリカ合衆国憲法（1787年9月17日）

〔前文〕

　われら合衆国の人民は、より完全な連邦を形成し、正義を樹立し、国内の平穏を保障し、共同の防衛に備え、一般の福祉を増進し、われらとわれらの子孫のうえに自由のもたらす恵沢を確保する目的をもって、アメリカ合衆国のために、この憲法を制定する。

第一条　〔立法府〕

第一節　この憲法によって付与されるすべての立法権は、合衆国連邦議会に帰属する。連邦議会は上院と下院で構成される。（……中略……）

第二条　〔行政府〕

第一節　（一）行政権は、アメリカ合衆国大統領に帰属する。大統領の任期は四年とし、同一任期で選任される副大統領と共に、左記の方法で選挙される。（……中略……）

第三条　〔司法府〕

第一節　合衆国の司法権は、一つの最高裁判所および連邦議会が随時制定、設置する下級裁判所に帰属する。最高裁判所および下級裁判所の判事は、善行を保持する限り、その職を保ち、またその役務に対し定時に報酬を受ける。その額は在職中減ぜられることはない。（……中略……）

第四条　〔州間の関係および州と連邦との関係〕（……中略……）

第五条　〔憲法改正手続き〕（……中略……）

第六条　〔連邦優位の規定〕（……中略……）

第七条　〔憲法の承認〕

　どうですか。すぐに気がついたことでしょう。7条よりなる合衆国憲法は、立法・行政・司法といった統治機構の規定ばかりで構成されていたのです。つまり世界最古の成文憲法には、人権規定がないのです。

　当時のアメリカ人たちにとっては、新しく形成される結合体の性格をどのようなものにするかは、大問題でありました。特に、結合体の機関にどの程度の権限を与えるかを巡っては、厳しい議論がなされました。イギリス本国の圧制を脱するために戦った彼等は、強圧的な統一政府ができることを嫌ってもいたからです。この議論は、憲法制定の際に、「連邦制」という統治制度として結実することになります。各州は独立性を保ちながら、より完全な連邦を形成したのです。特に強い連邦政府の必要性を唱えるフェデラリストたちは、「この

148 第11章 統治機構（国会・内閣・裁判所）は人権を守る手段である

憲法によって設立される連邦政府は、憲法に列記された制限された権限しか持たない政府であり、したがって基本的人権を侵害することはありえず、それゆえ人権規定は不要である」と考えていたようです。だから、この憲法は統治機構のみの規定になっているのです。

しかし結局、人権規定を憲法に付加することを約束することで、発効に必要な数の州（邦）の批准を得ることができ、1788年に憲法は成立しましたので、翌年の第１回連邦議会において、人権規定を憲法修正の形でオリジナルの憲法に付加することになり、合衆国憲法の第１修正から第10修正までが追加されることになったのです（この辺の詳細については、第１章②を参考にしてください）。

以上のことより、人権規定と統治機構規定が車の両輪のように関連づけられていて、統治機構は単なる国家の仕事について規定したものではないということです。つまり、立法・行政・司法の三権（統治機構）の内容をきちんと決めてコントロールしておけば、戦前のように勝手に「国のためだからお前を捕まえる」などという人権侵害が起こらなくなるだろうということなのです。人権を保障することと、国家の仕事をきちんと定めて、それ以外の越権行為を許さないことは、同じ方向を向いていることなのです。

→ **目的：国民の人権保護　　手段：三権のコントロール**

cf. 合衆国憲法は、成立当初は統治機構のみ規定。

ということですね。しっかり頭に入れておいてください。

ちなみに、合衆国憲法は、当時の社会的背景から、白人の成人男性を基準に考えていますので、黒人やネイティブアメリカン、女性などは人権を十分に認められてはいませんでしたし、以下のような差別的な条項も存在していたことに注意してください。

---

①白人１人に対して黒人奴隷は５分の３人とする条項（第１条、第２項の３）
　「下院議員および直接税は、連邦に加入する各州の人口に比例して、各州の間に配分される。各州の人口とは、年季契約労働者を含む、自由人の総数をとり、課税されないインディアンを除外し、それに自由人以外のすべての人数（すなわち奴隷人口）の５分の３を加えたものとする。」

②奴隷貿易に対する保障（第1条、第9節の1項）

「現在の諸州中いずれかの州で入国を適当と認める人々の来住および輸入に関しては、議会は1808年以前においてこれを禁止することはできない。」※ここでいう「……人々」とは奴隷を意味している。

③逃亡奴隷取締法に道を開く条項（第4条2項の3）

（ある州の州法で労働に従う義務がある者、すなわち奴隷が他の州に逃亡した場合、その州は所有者の要求に応じて逃亡者を引き渡すべきことについての規定。）

④先住民の土地を奪う条項（第4条3項の2）

「議会は、合衆国に直属する領地あるいはその他の財産を処分し、これに関し必要なすべての規定および規則を制定する権利を有する。」

２　国家と個人

　前節で述べたように、一般的に法の支配について誤解されていること、「公権力を法律で縛る」という意味の本来の使われ方ではなく、言い換えれば「国家の利益」と「個人の利益」が衝突した時、法によって国民の権利が制限されるという意味で理解されることがあるということです。しかし、こうした見方もあながち間違いではなく、特に戦時下における国家と個人の関係は冷徹になり、まさに有無を言わせず総動員される歴史があったのです。この国家と個人の関係を象徴的に物語の中で描いた作品が、マルタン・デュガール『チボー家の人々』です。ここでは、この長編作品『チボー家の人々』の一部、1914年夏Ⅱ（8巻）にあるアントワーヌとジャックの兄弟の会話を使って考えて行きましょう。デュガールは、この小説でノーベル文学賞を受賞していますが、日本ではあまり読まれていない秀作のひとつです。

　まず、マルタン・デュガール作『チボー家の人々』のあらすじを簡単にお話しましょう。なにせ、翻訳されている白水社の本では13巻にも及ぶ長編小説なので、相当大雑把な説明になることをご了承ください。

　20世紀はじめの、2つの家庭、カトリック教徒のチボー家と、新教徒のド＝フォンタナン家の生活が物語られています。チボー家の父親は独裁的な金持ち

で、いたるところで封建的な規律を子どもたちに押し付けようとします。長男のアントワーヌは、社会奉仕に一生を捧げようと医者になります。次男のジャックは、国家主義的な社会に反対し、革命家になって行きます。

まず、14歳のジャック＝チボーとダニエル＝ド＝フォンタナンは、1冊の灰色のノートを使って、打ち明け話や詩を見せ合います。ある日これが大人に見つかり叱られてしまい、2人は家出をしますが、結局連れ戻され、ジャックは感化院に入れられます。ある日兄のアントワーヌが弟の様子を見に行ってみると、彼は元気のない少年になっていたために、弟を感化院から連れ出して、自分のところに引き取ることになります。その後、ジャックは上級学校の試験にみごと合格し、希望を取り戻します。

しかし、初めての上級学校の夏の休暇を父親の別荘で過ごすのですが、ここで姪のジゼールに妹のような愛情を感じたり、ダニエルの妹にもほのかな恋心を感じたりして、2つの気持ちの間で悩むことになります。ある晩ふとしたことからジャックは父親と口論となり、再び家出をします。兄のアントワーヌは、父と一緒にジャックの行方を探しますが、どうしてもわからない。それから3年後、病気の父の看護に忙しいアントワーヌのところに、1通の手紙が舞い込みます。ジャックは、スイスで小説を発表したという内容でした。アントワーヌはスイスからジャックを呼び戻しますが、その時父はすでに意識を失い、死の直前だったのです。

やがてヨーロッパでは、1914年の戦争（第一次世界大戦）が始まろうとしていました。ジャックはスイスの平和運動に加わって、戦争を食い止めようとしますが、結局開戦になってしまいます。ジャックは、両方の軍隊に戦争を止めるように、飛行機に乗って宣伝ビラをまきに行きますが、飛行機が墜落して重傷を負い、最後にはスパイと間違えられて殺されてしまうのです。兄のアントワーヌも戦争に徴兵されますが、毒ガスに犯されてしまいます。アントワーヌは、弟のジャック

『チボー家の人々』白水社

とダニエルの妹のジェニーとの間に生まれた男の子のジャン＝ポールに、すべての望みをかけ、さまざまな教訓、特に愚かな戦争を繰り返してはいけないという戒めを書き残して死んで行くという物語です。

　では、「国家の利益」「全体の利益」「個人の利益」との比較、国家に対する裏切りと自分に正直な生き方、兄弟のそれぞれの考え方を味わってみてください。

　「ちがうかな？　こうした時期に兵役を拒絶する、それはつまり、個人の利益を全体の利益よりも重く見ていることだと思うな」「国家的利益よりも、というだけなんだ！」とジャックが言い返した。「全体の利益、大衆の利益は、明らかに平和にあるんだ。戦争にはないんだ！」　アントワーヌは、あいまいな身振りをした。それはさも、もう理論闘争はごめんこうむりたいと思っているかのようだった。だが、ジャックは執拗に食い下がった。「全体的な利益—ぼくは拒絶することによって全体的利益に尽くしていると思っているんだ！ぼくははっきり感じている——点の疑いもなく感じている—こんにち、ぼくの中にあって拒んでいるところのもの、それこそ一番正しいところのものなんだ！」　アントワーヌはじりじりしてくるのをおさえていた。

　「ま、考えてみるがいい……そうした拒絶によって、いったいどういう実際的な結果が得られるんだ？　いわく、ゼロだ！……国をあげての動員だというとき、絶対多数が—まさにそれにちがいなかろう—国家防衛の義務を受諾するとき、たった一人が反抗したって、そんな無意味な、そんな失敗の見えすいたことはなかろうじゃないか？」言葉のちょうしはつとめて注意がはらわれており、そこには温情があふれていたので、ジャックはぐっと心を打たれた。彼は、きわめて落ち着いたようすで兄をみつめた。そして、親しみをこめた微笑のかげさえ浮かべた。「なんでまた、兄さんはそんな話をするんだ？　ぼくの気持ち、わかっていると思うんだが……ぼくには、政府が、ぼく自身罪悪と考え、真理、正義、人間連帯を裏切るものと考えているようなことをやらせようとするのがぜったいがまんできないんだ……ぼくにとって、ヒロイズムとは、ぜったいロワさんの考えているようなものではない。ヒロイズムとは、銃を手にして戦線に駆けつけることではない！　それは、戦争を拒否すること、悪事の片棒をかつぐかわりに、むしろすすんで刑場にひっ立てられていくことなんだ！……夢を見ているような犠牲的精神だって？　そんなことがどうしてわかる！　戦争を可能ならしめたるもの、そし

ていまもなおそうさせているもの、それは群衆の無知蒙昧な服従なんだ……ひとりぼっちでの犠牲だって？　それもしかたがなかろうじゃないか！……《否》と言いきるだけの勇気のあるやつが少なかろうと、それは何ともしかたがない。つまり」と、彼は言いかけてためらった。「つまり、腹のすわっている奴は、めったに見つからないからなんだ……」……中略……「よく考えてみるがいい……戦争に賛成するかしないかの問題ではないんだ―おれが賛成するとでも思っているのか？―ただ戦争を受諾するという問題なんだ。当人の性質いかんで、あるいは反感を持ってしてもいいだろう。だが、それはあくまで心の中での反感であり、それを義務の観念でおさえなければならないのだ。危険にのぞんで協力を惜しむこと、それはとりもなおさず共同生活を裏切ることにほかならない……そうだ、それこそは真の裏切りであり、同法に対する罪悪であり、連帯の義務を忘れたことにほかならない……おれは何も、政府がとろうとしている決心について、それを議論する権利までも認めないと言うのじゃない。ただ、それは後になっての問題なんだ。服従してからの問題なんだ」ジャックは、ふたたび口もとに微笑を浮かべた。「ところがぼくは、個人は、国家同士がそれを振りかざしてたがいに戦争をする国家的主張なんていうものにたいして、全然無関心でいてもいいと思うんだ。たとい理由はどうであっても、ぼくは、国家が人間の良心を蹂躙する権利を否定する。……ぼくとしては、こんな大げさな言葉をつかうのは大きらいだ。だが、まさにそれにちがいないんだ。ぼくにあっては、あらゆる日和見的な理屈などより、ぼくの良心の声の方がずっと大きい。それにまた、法律なんかより良心の声の方がずっと大きいんだ……暴力によって世界の運命を蹂躙させないたったひとつの方法は、自分自身、あらゆる暴力を肯定しないことにある！　人を殺すことを拒絶すること、ぼくは、これこそ尊敬さるべき高貴な精神の一場合だと信じている。もし、法典や裁判官にしてこれを尊重しなかったら、まさにあわれむべきものといわなければならない。おそかれ早かれ、思い知らされるに違いないんだ……」「わかった、わかった……」とアントワーヌは、話がまたもや一般論に向いていくのにじりじりしながら言った。そして、腕組みしながら「だが実際上はどうなるかな？」　アントワーヌは弟のほうへ歩み寄った。そして、彼としてはめずらしく、きわめて自然なようすで、両手でやさしく弟の肩をつかんでやった。「きみの返事が聞きたい……動員はあしただ。きみはいったいどうするつもりだ？」……。(『チボー家の人々』の一部、1914年夏Ⅱ（8巻）白水社、pp.217―221)

いかがですか。弟ジャックの考え方では、「暴力によって世界を蹂躙させないたったひとつの方法は、自分自身、あらゆる暴力を肯定しないこと。人を殺すことを拒絶すること」であると主張します。したがって、「(兄のように)医者であろうとあるまいと、召集に応じて動員されるものはすべて国家の政策に賛成するものであり、その結果戦争さえも承認する者である」と断じ、兄を批判しています。これに対して、兄アントワーヌは、「民主主義国家において、政府が政権を握っていること自体、大多数の意思を正当に代表していることにほかならず、動員されて召集に応ずるというのも、つまり、そうした国民の総意に従うことなのである。だからたとえ、政権を握っている政府の政策に対する個人的意見がどうであろうと、召集に応ずるべきである」と反論します。ここには「社会契約」という概念を基盤として、個人を超えた存在としての国家の存亡には個人の意見を押しとどめてでも、従わなければならないこともあると考えているようです。

　まあ、国家がなくなってしまうと、どれほどひどいことになるのかは、内紛や民族紛争による難民の悲惨さを見れば理解できるでしょう。これに対し、ジャックも負けてはいません。「いったい何の名において」大多数というものが個人の正当な主張を犠牲にし、神聖な自分自身の確信よりも国民としての服従を優先させねばならないのかと問うのです。皆さんは、この兄弟の議論をどう考えますか。いわば、兄の主張は模範的なタテマエ国家論であり、教科書的民主主義の考え方です。弟は、個人のホンネの考えを隠すことなく表現し、民主主義の民主的でない部分をクローズアップして見せます。しかし、「国家には人間の良心を蹂躙する権利はない」と誰にも反論できない正論を主張することで、まさしく国家の成員として所属していながら、またそのことで恩恵を受けていながら、動員を拒否し平和運動へのめり込んで行きます。ただ、ジャックの考え方の救いは、自ら両方の軍隊に戦争を止めるように飛行機に乗り宣伝ビラをまきに行くという行動をとったことです。積極的に戦争回避へと働きかけをしたということは、どちらかを選ぶという究極の選択をすることなく、国家の利益と個人の利益の双方を実現すべく、いわば「法的安定性」と「具体的妥

当性」のバランスの調整を実践して見せたということです。結果こそうまく行きませんでしたが、選択ではなくバランスの調整を試みることは、最も基本的なリーガル・マインド（法的思考）と言えましょう。

そもそも、「国家総動員令」というのはフランス革命のさ中に反革命勢力と戦うこと、つまりわれわれの自由と平等を守るためにすべての人は戦いに加わるべきだという革命側の考え方からでき上がったものです。したがって、自由・平等への理想が戦争への民衆動員を可能にしたと言い換えることができるでしょう。ただ、戦いは往々にして、守るということをはるかに超えて侵略を続けるものだというのは、歴史が証明していると言えるでしょう。

政治的な力というのは、このタテマエを用いて、そのタテマエを自らの味方につけることができるかどうかにかかっています。そういう意味では、人間としての普遍的な正しさを主張すること、その重要性を強調し続けることが、新たなホンネを作り出し、育ててゆくことにつながっているのではないでしょうか。正義のための戦い（戦いは正義と言えるのかという素朴な疑問もあるが）や平和のための戦争、自由のための不自由に耐えるといった、矛盾を内在化した普遍的な正しさ（正義、平和、自由、平等など）といったタテマエを掲げて、ホンネを包み込んでしまうレトリックに私たちはいつも踊らされてきたのです。

このようなタテマエのタテマエ然とした正当性を言い続けることの重要性を念頭に置きながら、次章から統治機構（国会・内閣・裁判所・地方自治）の持つそれぞれのタテマエとしての重要性をしっかり把握し、各機構の権限、守備範囲をはるかに超えて人権を侵害する過程を分析してみたいと思います。

「国会は、国権の最高機関で、国の唯一の立法機関である」と41条は規定しています。次章に先立って、文部省が作成した『あたらしい憲法のはなし』を引用して、立法機関の説明を見てみましょう。

　「……国会は、国民がえらんだ議員のあつまりで、国民の意見がいちばんよくわかっているからです。そこで、あたらしい憲法は、国の規則は、ただ国会だけがこしらえるということにしました。これを、国会は（唯一の立法機関である）というのです。「唯一」とは、ただ一つで、ほかにはないということです。立法機関

とは、国の規則をこしらえる役目のある機関ということです。そうして、国会以外のほかの機関が、国の規則をこしらえてもよい場合は、憲法で、一つ一つきめているのです。また、国会のこしらえた国の規則、すなわち法律の中で、これこれのことは命令できめてもよろしいとゆるすこともあります。国民のえらんだ代表者が、**国会で国民を治める規則をこしらえる**、これが民主主義のたてまえであります。

　しかし国会には、国の規則をこしらえることのほかに、もう一つ大事な役目があります。それは、内閣や、その下にある、国のいろいろな役所の仕事のやりかたを、監督することです。これらの役所の仕事は、まえに申しました「行政」というはたらきですから、国会は、行政を監督して、まちがいのないようにする役目をしているのです。これで、国民の代表者が国の仕事を国の仕事を見はっていることになるのです。これも民主主義の国の治めかたであります」……。（太字は筆者）

　太字部分「**国会で国民を治める規則をこしらえる**、これが民主主義のたてまえであります。」これは、まさに政府のホンネなのでしょう。つまり、国会で可決・成立した法律は、**国民を治める規則**だと言っているのです。この章の最初に述べたように、「憲法は法の支配の原理に立脚し、公権力から国民の人権を守るための盾である」というタテマエ（憲法理論）の一方で、「**国会で国民を治める規則をこしらえる**」というやさしい言葉でさらりと表現したものに用心しないといけません。自治・自律の能力を持った「市民」が現実に存在して、人権というものを市民革命によって勝ち取って来た国とは異なって、上からの近代化がなされた日本の弱点が見え隠れします。とりあえず自分が生きていくことに関心が向いている社会では、「日本国憲法の目的は国民の人権保障で、その手段は統治機構のコントロールにある」というタテマエさえ口にしない時代になったということなのでしょうか。日本国憲法は「権利ばかりが多くて、国民の義務が少なすぎる」といった憲法批判と同様に、安易に聞き流してはいけない言葉なのに……。

第12章 国会と国会議員の実像

1 国権の最高機関の意味

　日本国憲法前文には「日本国民は、正当に選挙された国会における代表者を通じて行動し……」と記されています。つまり、日本の民主主義は、国会議員という代表者を通して政治に参加して行く、いわゆる「代表民主制（間接民主制）」によって政治が行われるということになります。

　日本国憲法第41条には「国会は国権の最高機関で、国の唯一の立法機関である」と規定しています。私たちは、小学6年と中学3年の公民、高校1年生の現代社会あるいは高校3年の政治経済において「日本国憲法は、三権がお互いに牽制し合い、チェックアンドバランスを取りあっている」と学びました。いわゆる「三権分立」なのだと。そして、権力の集中と濫用を防ぎ、国民の権利と自由を保障するためと説明されます。本当にそうなのでしょうか。最近では、安倍首相が国会での答弁で「立法府の長として」と自らを表現して批判をあびました。当然、安倍首相は「行政府の長」なのですが、学校の生徒たちもほとんどこの違いを理解していないことが多いようです。でも、安倍首相は残念ながら法学部出身なのですが。

　衆議院のHPでも次のような図を載せ、「国会・内閣・裁判所の三つの独立した機関が相互に抑制し合い、バランスを保つことにより、権力の濫用を防ぎ、国民の権利と自由を保障する「三権分立」の原則を定めています」と説明しています（http://www.shugiin.go.jp/internet/itdb_annai.nsf/html/statics/kokkai/kokkai_sankenbunritsu.htm）。

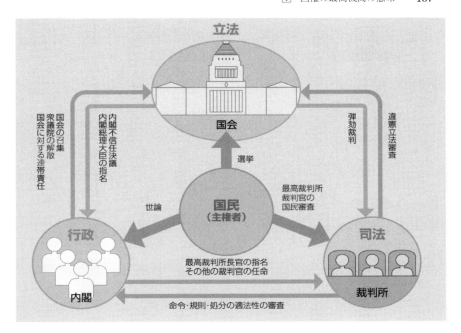

また、「首相官邸 for Kids」においてもよく見かける三角形の図を掲載し「三権分立」を強調しています（https://www.kantei.go.jp/jp/kids/shakai/sankenburitsu/05.html）。

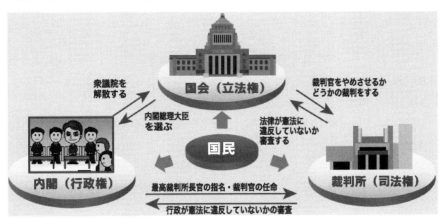

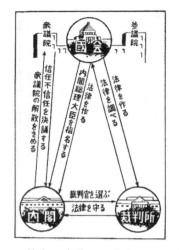

これらは、おそらく、昭和47年8月に発行された文部省『あたらしい憲法のはなし』実業教科書株式会社刊の図から転用されるようになったのだと考えられます（https://www.aozora.gr.jp/cards/001128/files/43037_15804.html）。

ただ、この本の三権分立の説明に示される三角形の図は、内閣の説明の中で使われているだけで、「三権分立」という言葉はいっさい出てきません。しかもその頁には「こんどの憲法では、内閣は国会とむすびついて、国会の直接の力で動かされることになっており、国会の政党の勢力の変化で、かわってゆくのです。つまり内閣は、国会の支配の下にあることになりますから、これを「議院内閣制度」とよんでいます。民主主義と、政党内閣と、議院内閣とは、ふかい関係があるのです。」とあり、議院内閣制の説明がされているだけです。

おそらく、のちのちこの図を利用するうちに、民主政治の一般原則である三権分立（モンテスキュー『法の精神』）に影響され、また日本国憲法の基を作ったアメリカ、その本国の大統領制に影響されて初等中等教育の中で常識化されてしまったのだと思われます。ただ、不思議なのは日本国憲法の条文自体にもまったく「三権分立」の言葉はないですし、三権分立を思わせる条文さえ見当たらないのです。**学校教育で、「三権分立」を日本国憲法の原則であるかのような説明は避けた方が**よさそうです。以下、まずなぜこうした説明がされるのか、「国権の最高機関」の意味から解明していきましょう。

さて、国権の正式な意味ですが、「国家が持っている国内を統治したり外国と交渉したりする権力のこと。国家の統治権。」と言われています。具体的には「立法・行政・司法」の三権をつかさどる権限ということでしょう。では、国権の最高機関とはどういうことでしょう。憲法の教科書では、「三権の中で国会が他の二権に優越するということではない」と必ず釘を刺しています。素

直に日本語を解釈すればどうみても「国会が他の二権よりも上位の機関である」という意味でしょう。なぜ、わざわざ誤解するような言葉を使ったのでしょうか。もとの英文は、"The diet shall be the highest organ of state power, and shall be the sole law-making organ of the state." となっています。"the highest organ" ですから、やはりどう見ても最も上位にある機関という意味でしょう。明治憲法下の帝国議会は、天皇の立法協賛機関であるとされていたことへの反省から、最も上位の機関と定めたのでしょう。日本国憲法施行にあわせて文部省が作った「あたらしい憲法のはなし」でも、第41条の説明を「国には、いろいろなはたらきをする機関があります、あとでのべる内閣も、裁判所も、みな国の機関です。しかし国会は、その中で**いちばん高い位**にあるのです。」とはっきり言っていますし、「他の二権に優越するものではない」との但し書きは見つかりません。

　では、何故わざわざ「優越するのではなく、最も重要だ」と言い直すことになったのでしょうか。「マッカーサー草案」第40条は先ほど見たように "the highest organ" となっていますが、これを受けて第62条第1段は「総理大臣は国会の輔弼及協賛をもって国務大臣を任命すべし（The Prime Minister shall with the advice and consent of the Diet appoint the Minister of State.）」となっていて、国会には閣僚の任命に同意する権限（そのかわり、閣僚は非議員からも自由に選出してよかった）がありました。また、第73条は「最高法院は最終裁判所なり。法律、命令、規則又は官憲の行為の憲法上合法なりや否やの決定が問題と為りたるときは憲法第三章に基づく又は関連するあらゆる場合に於ては最高法院の判決を以て最終とす。法律、命令、規則又は官憲の行為の憲法上合法なりや否やの決定が問題と為りたる其の他あらゆる場合に於ては国会は最高法院の判決を再審することを得（The Supreme Court is the court of last resort. Where the determination of the constitutionality of any law, order, regulation or official act is in question, the judgment of the Supreme Court in all cases arising under or involving chapter Ⅲ of this constitution is final; in all other cases where determination of the constitutionality of any law, ordinance, regulation or official act is in question, the judgment of the Court is subject to review by the Diet.）」として、国民の基本的人権に関わる事項以外の終局的な違憲立法審査権は国会に属し、最高裁判所判決を否定する権限（覆滅権）がありました（３分の２以上の特別多数決が必要）。

　これは、もともと GHQ が「選挙民に責任を負う政府」の形態としてイギリス型議院内閣制を志向していたためで、閣僚任命同意権や最高裁判決覆滅権はイギリスの「議会主権」的な思想が導入された結果だとも言うことができます。実際は、イギリスで議会制定法が最高裁によって無効と宣告されることはありません。

　しかし、これらの規定は、制憲議会（第90帝国議会）の審議過程で、「権力分立制に反する」等として削除され、アメリカ型の「チェック・アンド・バランス」（抑制と均衡の法理）に適するように改正されました。そしてその結果、「議会主権」に近い内容を持っていた第41条は、その「最高機関」という文言のみが残されてしまったので。この経緯からすれば、「最高機関」ということに「政治的美称説」以外の意義を見出すのは難しいと言えます。現在では、国会は国民から直接選ばれた代表者の集合体であって、その国会が作った法律によって行政や裁判が行われるため、国政上、極めて重要な地位であるということを表すとされています。

　しかし、現代のように行政権が肥大化し、いわゆる国会軽視の行政国家化した今日、国会の権能を強化することは、三権の関係を再構築させる根拠になるかもしれません。

　議院内閣制の本家イギリスでも、2011年の議会期固定法で総選挙は５年ごとに５月の第一木曜日に行うことが定められ、いわゆる首相の「議会解散権」は停止されました。議会が早期解散されるのは、(1)内閣不信任案が可決された後、新しい内閣の信任決議案が可決されずに14日が経過した場合、(2)下院の議員定数の３分の２（434議席）以上の賛成で早期総選挙の動議が可決された場合に限られています。保守党も自由民主党も党利党略に走ることなく、任期の５年間をきっちり財政再建と景気回復に取り組むと有権者に誓ったということなのでしょう。５年は長すぎるという批判もあります。１年目は大胆さ、２年目と

３年目は疾風のような行動、しかし、４年目に入ると減速、５年目は選挙準備というサイクルが繰り返され、政治に緊張感がなくなるという指摘もあるようです。ただ、議会期固定法で首相の助言で議会を解散するという国王大権をなくしたわけですから、それをもう一度復活させるのは技術的に非常に難しいと思われます。

　そもそも英国の議会解散権は、首相に解散権が広く認められている日本とは異なり、マグナ・カルタ以来、権力を分散させることで立憲君主制を維持してきた英国では「権力は抑制して使う」という政治文化が定着しています。首相が党利党略のため、また自分勝手な都合で国民の意思に反して解散に踏み切る場合は、憲政の常道に反するとして解散権は首相から剥奪され、君主の手に戻されると考えられていたのです。権力の過剰な行使は激しい批判を招き、やがて自らの手を縛ることを英国の政治家は歴史から学んでいるからでしょう。日本の政治家にも学んでほしい政治哲学です。

2　国会の主な仕事——立法とその準備

●質問主意書

　国会は唯一の立法機関である（日本国憲法第41条）ことは、誰でも知っています。しかし、どのようにして法律はできるのか、特に法律案はだれが作っているのか知っている人は少ないでしょう。ここでは、国会の構成員である衆参両議員が本会議や委員会のテレビ中継で見るような質問や答弁、法案の審議など以外に、立法の仕事として何をしているのかを見て行きましょう。

　元東京大学先端科学技術研究センター准教授　政治学者　菅原琢氏のデータ分析が面白いのでのせておきます。国会議員の議会活動をデータから分析しています。そこで、国会議員の質問主意書提出数を比較してみましょう。衆議院は第46期衆議院統計（2013/07/21〜2016/07/1）から、参議院は第23期参議院統計（2012/12/16〜2014/12/14）からデータを拝借します（国会議員白書：http://kokkai.sugawarataku.net/）。

162　　第12章　国会と国会議員の実像

表1	衆議院質問主意書提出数（件）	表2	衆院本会議の発言数（件）	表3	参議院質問主意書提出数（件）	表4	参議院本会議発言数（件）
鈴木貴子（新党大地）	264	伊吹文明（自民）	108	藤末健三（民主）	129	山崎正昭（自民）	139
長妻　昭（民主）	47	安倍晋三（自民）	33	小西洋之（民主）	95	輿石　東（民主）	17
小池政就（みんな）	45	赤松広隆（民主）	32	浜田和幸（自民）	79	藤本祐司（民主）	17
辻元清美（民主）	43	阿部俊子（自民）	23	山本太郎（無所属）	74	山本香苗（公明）	15
柚木道義（民主）	29	麻生太郎（自民）	19	有田芳生（民主）	72	末松信介（自民）	14
照屋寛徳（社民）	19	太田昭宏（公明）	16	牧山弘恵（社民）	55	大島九州男（民主）	14
石川知裕（新党大地）	19	高木陽介（公明）	16	福島瑞穂（社民）	54	荒木清寛（公明）	13
山井和則（民主）	19	梶山弘志（自民）	16	川田龍平（みんな）	51	魚住裕一郎（公明）	13
中根康浩（民主）	17			大久保勉（民主）	42		
大熊利昭（みんな）	16			糸数慶子（沖縄社）	42		

　上の表は、国会議員活動の基本である国会における質問を事前に提示した「質問主意書の提出数」、および本会議において行った発言数のランキングです。

　衆議院議員の鈴木貴子は、改訂前の主意書提出数でも断トツだった鈴木宗男の娘で父の手法を受け継いでいるのでしょう。そのほか長妻、辻元、照屋、山井各氏は前回調査にも顔をのぞかせている常連です。参議院でも藤末、福島、大久保、糸数各氏は常連で、新たに、山本、有田、小西各氏等が活発ですが、山本太郎、有田芳生氏などメディアによく顔を出していながら地道な国会議員としての活動をも行っている政治家です。また、川田氏は、HIV 訴訟の被害者として政界に出馬し、息の長い活動を続けています。著者が国会図書館の客員調査員をやっていたころ、よくシンポジウムに顔を出していて、熱心な政治家だと感じていました。もうお分かりだと思いますが、質問主意書提出が多い議員は、野党議員ということになります。しかも、議員としての本旨に従い議会政治を大切にしていることが分かります。様々な批判はありますが、山本太郎議員の議会内外における行動は、ただ出席している議員とは違う信念とエネルギーを感じます。

　いっぽう、本会議での発言数ランキングを見ると、与党議員の名前が並んでいます。これには、事情があります。衆院の伊吹氏の108回という発言回数は、衆議院議長を務めることになり「これより会議を開きます。」といった議長の議事進行のための発言でありまして、衆院の長としての仕事を立派に果たしていると考えることもできます。ちなみに、この本会議での発言回数には、委員

長、委員以外の議員、大臣等の発言は統計に含まれていません。安倍総理の発言回数33というのは、質問に対する回答数と考えればいいと思います。

キーワード説明： 質問主意書とは

　議員は会期中、文書により内閣に質問することができます。この文書を「質問主意書」とよびます。「質疑」という言葉もありますが、「質問」は、議題と関係なく国政一般について事実の説明を求め、所見をただす行為であるのに対し、「質疑」は、議題について疑義をただす行為を言います。ですから、テレビで本会議や委員会で行われているのは、「質疑」ということになります。「質問」は原則、文書（質問主意書）によって行われます。文書による質問を行うに当たっては、簡明な主意書を作り、議長に提出してその承認を得なければなりません（国会法第74条第1項および第2項）。議長が承認した質問は、印刷され各議員に配付されるとともに、内閣に転送されます。内閣は質問を受け取った日から7日以内に答弁をしなければならないとされいて、期間内に答弁できない場合には、答弁できる期限を議長に通知します（国会法第75条）。内閣からの答弁は、「答弁書」とよばれる文書によって回答します。答弁書は、各府省等で案文を作成し、内閣法制局の審査を経て閣議決定された後、議長に提出されます。答弁書も、質問主意書と同様に印刷され、各議員に配付されます。また、質問主意書と答弁書は、各議院本会議録に掲載されるほか、各議院のホームページでも第1回国会以降の質問主意書と答弁書を掲載しています。質問主意書は、提出から答弁書の受領までの手続を経るため、日時を要してしまいますが、議題による制約や質疑時間に拘束されることもなく、提出回数の制限もありません。議員一人で提出することができますので、各議員の積極性や政治への本気度を測る物差しの一つになります。積極的に活用する議員が増えていることはよい傾向だと考えられます。

　次頁の図は通常国会における質問主意書提出数の推移です。グラフは政治山HP（https://seijiyama.jp/article/news/nws20151007-002.html）より。

●国会議員三ツ星データブック

　本来、野党やマスコミが果たすべき「政府の監視」という機能が、現在のわが国では十分に果たされていません。この結果、政府が自己増殖し、民間への過剰な介入や規制を行い、活力ある経済社会の実現が阻まれるといった問題が生じています。こうした状況を打開するためには、いわば「国会外の万年野

第12章　国会と国会議員の実像

政治山 ®by VOTE FOR

党」ともいうべき存在が必要と考え、こうした役割を果たすことを目指して設立されたのが NPO 法人万年野党です（NPO 法人万年野党 HP より）。

　この「万年野党」のコンテンツに、**国会議員三ツ星データブック**というのがあり、**質問回数、質問時間、質問主意書、議員立法**の提出回数で国会議員の活動を各会期ごとにランク付けしたデータブックが掲載されています。議員会館の各事務室に届けられているそうです。任期中にほとんど発言しない議員がいることに疑問を抱いて始めた活動で、質問内容や法案の内容ではなく、数字が判断基準になっています。このため、冊子が発行されるようになってから、急に質問主意書の提出を増やした議員もいます。冊子で三ツ星に選ばれれば、有権者への訴求力も高まるからでしょう。

　前記、国会議員白書の参院質問主意書で、95件という数を提出した小西議員の質問を見てみると、同じようなテーマでわずか1行半の質問を複数回に分けて質問しているケースが見受けられます。同じテーマであれば箇条書きにして複数の質問をすることができることを利用し

たものと思われます。また、内容も文言の解釈を問うものが多く、大局観に欠けた質問が並んでいる印象です。量より質なのですが、すべての内容を確認し、比較するのは容易ではありません。判断材料の一つとして、「国会議員白書」および「国会議員三ツ星データブック」を併用して選挙でだれに投票すべきかを考えるのもおもしろいでしょう。楽しみながら衆参選挙の動向や結果を、テレビ局の選挙特番と合わせて視聴するのも政治への関心を高めるポイントになると思います。

　第196回国会における「NPO法人万年野党」が選んだ「三ツ星議員一覧」によると、衆院では国民：「大西健介、岡本充功、小熊慎司、後藤祐一」、無所属：「金子恵美、柚木道義」、立憲：「川内博史、松平浩一」、維新：「串田誠一」、共産：「高橋千鶴子」、自由：「玉城デニー」、公明：「中野洋昌」、民進：「初鹿明博」、希望：「山井和則」、社民：「吉川元」が、参院では立憲：「川田龍平」が三ツ星議員として表彰されています。ちなみに、表彰の証として記念の盾が贈られます。

　政党・会派が離合集散している今日、政党名が変わっている議員も多くみられます。国会議員白書のランキングと三ツ星議員とでダブっている人を検索してみるのが話が早いかもしれません。

●国会図書館への依頼調査

　また、2009年4月27日付産経新聞には、「国会議員の国立国会図書館への依頼調査数が増加傾向」という記事が出ていました。国立国会図書館は、その名の通り国会議員の立法や調査活動を補佐する業務を行うところです。近年、国会議員や秘書から寄せられる依頼調査件数が急増し、昨年度は約4万6700件（暫定値）と過去最高だったことが国会図書館の調べで分かったそうです。その理由は、「ねじれ国会」の影響で法案の修正協議が行われ、与野党間の政策論議が活発化したことが挙げられています。インターネットで簡単に検索できる時代ですが、ジャンク情報も含めて膨大な情報があふれ過ぎるため、より正確で迅速な調査をしてくれる国会図書館、調査および立法考査局の職員への信

頼度の高さが理由のようです。

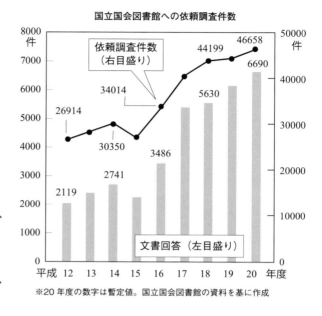

　グラフを見ると平成16年度から増え、平成17年には依頼調査件数が4万件台に乗り、その後も急激な伸びを見せています。平成15年度に減少したのは、秋に解散・総選挙があり、国会開会期間が短かったのが要因です。国会議員からの依頼調査は、国会に対する仕事のひとつで、「調査及び立法考査局」が担当し、各分野の「専門調査員」の下に調査員が配置され、膨大な資料や情報を基に、法案の分析、国政審議にかかわる政治や経済など各分野の調査、資料の提供を行っています。

　国会議員や秘書からの依頼調査の多くは、文献複写や貸し出しが中心ですが、「調査報告」と呼ばれる文書化した報告書の形での回答が最近増えています。たとえば「オバマ米大統領の外交政策が日本に及ぼす影響」といった諸外国の制度調査や政策分析などで、専門知識と正確な文書化能力が求められます。また高度な内容の要求に加え、回答期限を「即日」や「翌日」と指定されるケースが多く、国会図書館の職員も大変のようです。最近は、国民生活に密着した国政課題が山積されているので、今後も議員からの調査の需要は拡大するだろうと思われます。

　数年前、私が国立国会図書館の客員調査員を拝命した折に、調査および立法考査局の職員から、「全国会議員の中で立法・調査活動のための依頼調査の件

数が一番多い議員さんは誰だかわかりますか」と問われたことがあります。首をひねりつつ、以前「政界きっての勉強家」と聞いていたこともあり、中川昭一氏（2009年、ローマでのＧ７におけるもうろう記者会見で批判を浴び財務大臣を辞任、その後の総選挙で落選、自宅で急死されたので皆さんもご存知でしょう）でしょうかと名前をあげてみましたが、残念ながら不正解でした。

　じつは、調査依頼件数のダントツは、何と新党大地の鈴木宗男氏で、他の議員の追随を許さないほどの件数であると教えてくれ、驚いた記憶があります。人は見かけによらぬもの（失礼ですが）であるとつくづく思ったものでありました。ちなみに、議員の中には調査依頼と称して、海外旅行の計画を立てるために、国会図書館調査および立法考査局の職員に観光調査を命じたというつわものもいたと言うから笑ってはいられません（ここで述べた依頼調査の根拠は、『週刊東洋経済』2007年10月６日号「数値データでわかった！働く議員 vs 働かない議員」にも掲載されています）。

　国会議員は国会会期中、内閣に対して文書で質問することができます。内閣は質問を受け取った日から、原則７日以内に「答弁書」で回答しなければなりません。この質問を「質問主意書」と言います。官僚は、質問主意書が回ってくると仕事が増えるので大変嫌がります。質問主意書は、委員会や本会議の答弁と違って、国政全般についての内閣の統一見解を確実に引き出せることと、法律案（衆院では20名、参院では10名以上）とは異なり議員がひとりでも提出できることなどから、国会議員の問題意識や行動力をはかる良い指標となります。質問主意書は、日本国憲法に定められた「国政調査権」に基づく制度で、次のように規定されています。

> **第62条　（国勢調査権）**　両議院は、各々国政に関する調査を行ひ、これに関して、証人の出頭及び証言並びに記録の提出を要求することができる。

　民主党の長妻元厚労大臣は、野党時代にこの国政調査権を武器に厚生労働省などに対して鋭い質問をぶつけ有名になって行きました。国民の代表者として

168　第12章　国会と国会議員の実像

選ばれた国会議員は、この権限を行使することで必要な情報を得、事実関係を確認することで国民の知る権利に応えているのです。

　さて、国の唯一の立法機関であるとは、国会以外での立法を原則として認めないという意味でした。立法とは、国民の権利義務に関する規範を作成する国家行為のことです。ですから、場合によって国民の権利を制限したり、義務を課したりすることも含まれます。私たち国民が国会をしっかり見ていないと、多数決の横暴によっていつの間にか、私たちの権利を制限する法律ができ、政治が行われているかもしれません。

　たとえば、犯罪と刑罰は、刑法という法律で決められていて、犯行当時に規定されていない規定で重く処罰したりできないことになっています（罪刑法定主義）。しかし、刑事訴訟法の改正によって「公訴時効」が廃止されたように、時効成立間近の殺人事件も遡って時効が廃止され、いつまでも起訴できることになりました。憲法第39条（遡及処罰の禁止）に違反する疑いがありますが、今後は、被害者（遺族）の怒りや悲しみの強さによって、法が改正され重罰化した場合、犯行当時の軽い刑罰ではなく新法による重い刑罰が科せられることが出て来るかもしれません。子どもの遊びのように、ガキ大将が鬼になったら急にルールが変わって、隠れる範囲が小さくなる缶けりのような法改正があってはならないでしょう。国会の活動をしっかり見守ることが必要です。

第39条（遡及処罰、二重処罰等の禁止）　何人も、実行の時に適法であつた行為又は既に無罪とされた行為については、刑事上の責任を問はれない。又、同一の犯罪について、重ねて刑事上の責任を問はれない。

　また、税金も法律で定められ（租税法定主義）、行政機関の構成と権限も法律で定められる（行政機関法定主義）ことが原則になっています。

第84条（課税の要件）　あらたに租税を課し、又は現行の租税を変更するには、法律又は法律の定める条件によることを必要とする。
第72条（内閣総理大臣の職務権限）　内閣総理大臣は、内閣を代表して議案を国会に提

② 国会の主な仕事——立法とその準備　　169

出し、一般国務及び外交関係について国会に報告し、並びに行政各部を指揮監督する。

第73条（内閣の職務権限）　内閣は、他の一般行政事務の外、左の事務を行ふ。

　一　法律を誠実に執行し、国務を総理すること。

　二　外交関係を処理すること。

　三　条約を締結すること。但し、事前に、時宜によっては事後に、国会の承認を経ることを必要とする。

　四　法律の定める基準に従ひ、官吏に関する事務を掌理すること。

　五　予算を作成して国会に提出すること。

　六　この憲法及び法律の規定を実施するために、政令を制定すること。但し、政令には、特にその法律の委任がある場合を除いては、罰則を設けることができない。

　七　大赦、特赦、減刑、刑の執行の免除及び復権を決定すること。

しかし実際は、唯一の立法機関の例外規定が一杯あるのです。たとえば、両議院の規則制定権（58条）、政令（73条6号）・省令・規則※、地方公共団体の条例制定権（94条）最高裁判所の規則制定権（77条）などがあります。

行政の肥大化によって、法律を執行するための命令が国会以外で膨大につくられ、施行されているのです。ですから、国会だけをしっかり監視していても、その法律を執行するための命令として、各省庁が実行しやすいようにルールを規定していきますから、すべてを監視することは困難です。あれ、いつの間にこんな規則が作られたのか？　といった具合です。各自治体では、喫煙防止条例などの制定が流行っていますが、これも国会で成立した法律ではない（地方議会で成立した）ので、強い取り締まりができていないようですが、それはむしろ良いことなのです。

●重要法案の本会議通過と大きなニュース

「SMAPの草彅剛容疑者が公然わいせつ容疑で警視庁に逮捕」というビッグニュースが入ったのは、2009年4月23日のことでありました。そのころ、自衛

※行政機関が制定する成文法である「命令」のうち、内閣が制定する成文法（執行命令・委任命令）を「政令」、各省庁が制定する成文法を「省令」（国家行政組織法）、その他の行政機関による成文法を「規則」とよんでいる。

170 第12章 国会と国会議員の実像

隊が海外で武器を使うことを合法化する法案（「ソマリア沖合海賊退治法案」）が衆議院を通過していました。同日午前中に、衆院海賊対処・テロ防止特別委員会は、麻生首相が出席して締めくくり質疑を行った後、与党の賛成多数で可決、衆院本会議に緊急上程されていたのです。

　偶然といえば偶然なのですが、同法案をめぐっては、自民、民主両党が修正協議を続けていましたが、自民党は、自衛隊派遣の事前承認義務付けなど民主党の要求を拒否して、話し合いは前日22日に物別れに終わっていました。

　いっぽう、草彅くんの事件は、23日午前３時ごろ、東京赤坂の公園で酔っ払いが騒いでいると近所の住民が通報したため、警察がかけつけ現行犯逮捕されました。泥酔して全裸で何かを叫びながら芝生にあぐらをかいていたということです。本人は調べに対し「知人２人と赤坂の居酒屋で酒を飲んだ、かなりの量のお酒を飲みこの時の事はまったく覚えていなかった。」と供述しているなどと、23日の朝から24日の夕方までどの局でもワイドショー的な報道がにぎわっていました。NHKまでが、「警察が草彅くんの自宅の家宅捜索をした」ことを伝えていました。その後、24日午前９時ごろ送検されましたが、釈放され、午後２時ごろ、東京区検から留置されていた原宿署に戻り荷物を受け取るなどして、午後２時半ごろ保釈され、同署を後にして、午後９時ごろ会見を開き謝罪をしました。草彅くんが、総務省の「地デジPRのCMキャラクター」であったこともあり、当時の鳩山総務大臣の怒りの記者会見までありました。

　この一連の報道の間に「ソマリア沖合海賊退治法案」は衆議院を通過成立していたのです。皆さんは、有名タレントの事件としても、異常にメディアが騒ぎ過ぎたと思いませんでしたか。警察の家宅捜索についても、公然わいせつとどう関係があるのか不思議に思いませんでしたか。普通なら、所属事務所を通じてできるだけ穏便に事が運ぶよう手をまわして、大事にならないようにするはずです。芸能界のルールではそれができたはずですが、それとは違うルールが働いたのではないでしょうか。

　憶測にすぎませんが、過去にも重要法案や政府にとってあまり知られたくない政治的決断などの折に、警察が突然動きだし、メディアが飛びつき報道をす

るということがしばしばあったように記憶しています。こうした「リーク報道」は、どこかで恣意的な力が働いているのではないかとも思ってしまうのです。こうした疑義は、私だけではなく多くの人が感じているようです。参議院議員の川田龍平氏などもその一人で、著書「誰も書けなかった国会議員の話」（PHP研究所刊）の中の「永田町のルール」という項目の中で述べています。「永田町の外からしっかりとニュースを疑って見てほしい」と呼びかけています。

③　国会と国会議員という職業

●国会議員は3日やったらやめられない？

　第45回衆議院議員選挙（2009年8月30日）で当選した議員に、8月分の歳費として、30日と31日のわずか2日間の在任期間分の歳費と文書通信費として、計230万1000円が翌月16日に支払われたため、「社会常識を逸脱している」と批判されたことがありました。記憶に新しいですが、全議員480人にすると約11億円という巨額な支出となり、日給に換算するとなんと約115万円です。こんな良い商売はないでしょう。

　こうした現象は、現状の公職選挙法によるもので、たとえば議員さんがじゃあ返しますといって、国庫への返納を希望しても、禁止されている寄付行為とみなされるため、受け取りを拒否できないということのようです。選挙では無駄遣い撲滅を訴え勝利した民主党の中堅議員でさえ「良くはないが、満額支給は本音では有り難い」と様々な借金の返済に充てる現状があったようです。国会議員の歳費、旅費および手当等に関する法律には、日割り計算などの制度が作られておらず、さらに文書通信費についても、電話代や交通費など政治活動に使う目的で支給されますが、使途報告が義務付けられていないため、以前から問題視されていました。しかし、法改正はその後も進んでいません（国会議員の歳費（給与）を「月割り」から「日割り」支給に変更する改正歳費法が、2010年12月3日、参院本会議の全会一致で可決、成立し、その後は、1カ月の報酬約230

172　第12章　国会と国会議員の実像

万円（歳費約130万円、文書通信交通滞在費100万円）が全額支給されることはなくなりました。）。

　やはり、国会議員は3日どころか、2日やったらやめられないということでしょうか。

　そもそも議員歳費は、議員の生活を保障するために職務に見合った報酬を支給するという性質のものですので、歳費から公的な議員活動の費用を出すのは適切でないという考え方もあるため、文書通信交通滞在費や立法事務費が支払われ、JRの無料パスなどが支給されているのです。

　これに対しアメリカでは議員歳費とは別に職務手当（議員の仕事に使う）が支給されています。下院議員には年額1億円以上、上院議員には年額2億円以上で、職務手当から秘書給与や通信費、交通費などを支払います。破格の職務手当ですが、使途明細書の提出が義務付けられていて、2ドル程度の支出まで公表され、報告に基づいて手当を支給する実費弁償方式が採られています。しかも職務手当の使途は立法活動に限定され、選挙活動には使えません。職務手当で雇用した秘書が選挙運動に従事することは禁じられ、逆に立法秘書を選挙資金で雇用することもできません。

　またイギリスでは秘書雇用手当が約1000万円～1200万円、ドイツも約1000万円程度です。イギリスは秘書3人程度、ドイツは6人程度ですがパートタイムが大半という話を聞きます。スウェーデンやポルトガルなどは議員個人の秘書の雇用を認めず、会派スタッフの一部を国費で雇用しているそうです。

　アメリカは大統領制であり、立法活動が議員個人の力に負っているところが大きく、議員への手厚い職務手当があります。一方、議院内閣制のヨーロッパでは、政党・会派が政治の中心となるので、議員個人の秘書を認めない国もあるほどで、議員歳費を抑え、会派補助で立法経費を賄おうというシステムのようです。

●日本の歳費は、世界最高水準

　国会議員の歳費（公務員等は「給与」とよばれますが、国会議員だけは歳費とい

③ 国会と国会議員という職業　173

います。地方議員は議員報酬といいます。）は、日本国憲法第49条で「両議院の議員は、法律の定めるところにより、国庫から相当額の歳費を受ける」と定めています。また、「国会法」第35条により「議員は一般職の国家公務員の最高の給与額（地域手当等の手当を除く）より少なくない歳費を受ける」とも規定されています。具体的な額としては、「国会議員の歳費、旅費及び手当等に関する法律（略称、歳費法）」および「国会議員の歳費、旅費及び手当等支給規程」によって決められています。「歳費」というよび方は、旧議院法の用例を踏襲したものとされています。歳費は国会議員の職務に対する報酬であるとする説がありますが、実際のところ兼業が行われていることや民事執行における差押えがなされていることを考えれば、「歳費には生活の保障という意味はなく職務遂行上必要となる出費について弁償したもの」という費用弁償説が有力でしょう。

　前出の歳費法によれば、「各議院の議長は217万円を、副議長は158万4000円を、議員は129万4000円をそれぞれ歳費月額として受ける」と規定されています。ですので、期末手当（ボーナス）635万円と合わせると、年収は、2187万8000円ということになります。また、文書通信交通滞在費名目で毎月100万円、立法事務費として毎月65万円が支給され、公設秘書代として年間約2500万円が支給されます。その他、JRや航空会社の特殊乗車券や所属政党からの助成金等があります。

　これらを総計すると、議員一人当たり年間約4200万円のお金が税金から支出されることになります。衆議院議員465人、参議院議員248人の合計713人×4200万円＝299億4600万円ということになります。歳費や事務費にみあう仕事をしてくれているのでしょうか。国民の厳しい目が必要でしょう。

　ちなみに「特別職の職員の給与に関する法律」によれば、内閣総理大臣は201万円（月額）で、国務大臣は146万6000円（月額）だそうです。衆参各議院の議長が217万円ですので、総理は衆参議長より月額16万円少ないということになります。このことから、三権の長の月額を比較すると、▼立法：衆参各議長217万円、▼行政：内閣総理大臣201万円、▼司法：最高裁長官206万円（裁

174　第12章　国会と国会議員の実像

判官の報酬等に関する法律より）となり、ここでも国権の最高機関の優位性は表れています。

　約2200万円の議員歳費は世界最高水準です。アメリカの議員歳費は年額約1700万円、イギリス下院は約970万円です。日本の国会議員は世界的にトップクラスの歳費を受け取っているわけですが、それに見合った働きをしているのかどうかが問われるのではないでしょうか。

　国会議員の支出で一番大きいのは秘書などの人件費だと言われています。議員ひとりの秘書数は衆議院議員が10〜15人、参議院議員が7〜10人くらいということです。公設秘書2人と政策秘書1人の3人分の給与は国から支給されますが、他の秘書の給与は自分の歳費などから出さなければいけません。

　そのほか、議員会館は無料で、議員宿舎は低額な家賃で住めますが、地元の事務所の家賃代や光熱費などがかかります。また、後援会向けに会報を出せば印刷代や郵送費に数百万円がかかります。ホームページで自分の政策や主張を訴えるとなると、見やすく、わかりやすいホームページを製作するには外注ということになり、やはり数百万円が必要になってきます。歳費だけで議員活動に関するすべての費用を賄うのは難しいというのも事実でしょう。

●国会という組織はない

　ふつう、私たちは「国会」というと国会議員や国会中継の映像をイメージしますが、「国会」というひとつの組織体があるわけではありません。国会は、衆議院および参議院の両院でこれを構成し（42条）、両議院は全国民を代表する選挙された議員でこれを組織すると（43条1項）定めています。

　憲法第41条は、「国会は、国権の最高機関……である。」と定めていますが、その他の規定の主語は、ほとんどが「衆議院」または「参議院」であって、「国会」という言葉が出てくるのは「会期」として出てくる場合のみです。もちろん、衆議院と参議院（合わせて713人）が一堂に集まって議論することはありません（両院協議会は各院10名ずつの20名です）が、開会式の時だけ参議院本会議場に衆参両議院全議員が集まります。実際は、参議院本会議場は、460席

3 国会と国会議員という職業　175

【衆議院】	【参議院】
定員：465名	定員：248名
任期：4年	任期：6年
⇒任期前に解散もあり	⇒3年ごとに半数ずつ改選
被選挙権：25歳以上	被選挙権：30歳以上

中央広間（同前）

参議院議場（衆議院憲政記念館所蔵写真）

（戦前の貴族院の議席数によるもので、現在定員242人の参議院議員は、中央付近にまとまって座ります。）しかありませんので、残りの268人はどうしているのでしょう。おそらく通路に立ったままで、天皇の開会宣言を聞くことになるのでしょう。ですから、衆議院本会議場（定員と同じ480席）には天皇の席がありませんが、参議院本会議場には、議長席の後方に開会式の時に天皇が座る席が用意されています。参議院が戦前には貴族院であったことの証でしょう。小中学生にとっての国会というイメージ＝国会見学（参議院本会議場が通常の参観コース）となっていて、参議院本会議場に722人全員が集まると考えている生徒も多いようです。もちろん、電話も、国会という代表電話はありません。ホームページも衆参別々です。

「三権の長」という言葉があります。行政権の長の内閣総理大臣と司法権の長の最高裁判所長官と国会の長（？）、はいませんので、衆議院議長と参議院議長です。ですから、三権の長は、合計で4人となります。法律案や予算案を審議決定するのも両院それぞれの議決があって、両院の議決が異なった場合は、両院協議会や衆議院の優越等の処理の仕方を、憲法は定めています。

　議事堂の正面に、玄関が3つあります。衆議院議員は向かって左の衆議院の

176　第12章　国会と国会議員の実像

玄関から入り、参議院議員は向かって右の参議院の玄関から入ります。真ん中の玄関は、外国の国王や大統領などや開会式等で来られた天皇陛下が使います。議事堂は、地上３階（中央塔は９階）地下１階で、約400室が用意されているそうです。衆院も参院も本会議場は２階に設置され、主に国会議員の活動の中心が２階（各院議院食堂も２階）になっています。ちなみに、議事堂のシンボルであるピラミッド屋根の真下が中央広間となっています。２階から６階までの吹き抜けで、天井までの高さは約32メートル。奈良県の法隆寺にある日本最古の五重塔がすっぽり入るそうです。広場の四隅には政党政治を確立した伊藤博文、大隈重信、板垣退助の立像がありますが、一隅だけ台座の上には銅像がありません。４人目を誰にするか決められなかったからだといわれていますが、政治に終わりはなく常に努力せよということの象徴だとの説もあります。

　議事堂は、会議室の集合体です。国会は議論をする場所ですから当然のことですが、議員が執務をしているわけではありません。委員会室は３階に用意されていますが、それだけでは足りないので、衆参それぞれ分館にも委員会室が用意されています。本館の他の部屋は、各会派に割り当てられ、各党が使っています。部屋の入り口には「○○党国会対策委員会」「××党政策審議会」などと看板が掛かっています。部屋は、各党の議席数に比例して配分されるようです。選挙で議席を減らすと、再配分されます。その他、両院の議長の部屋や事務局が入っています。速記をする記録部や議事進行を支える委員部などです。これらは、本館だけでなく別館、分館などにも入っています。

　報道（記者）クラブも入っています。国会担当の記者のためには、敷地の南側に道路を隔てて「国会記者会館」があります。議事堂内には、食堂もいくつかあります。国会図書館の分室もあります。そのほか旅行代理店、銀行、美容室、理容室、内科・皮膚科・眼科・耳鼻咽喉科もあります。意外ですが、立法機関である国会議事堂の中に、内閣の部屋があります。本館中央奥に、閣議室、内閣総務官室、秘書官室があります。これらは、本来、総理官邸にありますが、国会開会中は、閣議が国会内の閣議室で開かれるからです。

　また、参議院の別館の中には、各省の政府控室があります。国会開会中に大

3 国会と国会議員という職業　177

（商品企画元：株式会社大藤）

臣が準備をするほか、職員がいて国会の事務局との連絡や議員との連絡に当たっています。たとえば、総務省の場合は、10人の職員が常駐し、議員からの質問取りや各党・委員会の進行状況を取材し報告してくれるそうです。霞ヶ関の本省からその都度出かけていては大変なので、連絡室が執務室代わりになり、院内や議員会館へ出かけているようです。この辺は、衆議院の第一党の党首が総理大臣となり行政をつかさどる議院内閣制が最もよく表れるところでしょう。ただし、国会議事堂内は、国会の守衛さんが警備をしていますので、ここでは三権分立が明確に表れています。

議事堂の裏手（西側）に道路を隔てて、３棟の議員会館（７階建）が建っています。南から、衆議院第１議員会館、衆議院第２議員会館、参議院議員会館です。全議員にそれぞれ個室を与えられていて、秘書もいます。各省の役人が、個別に議員に説明に行ったり呼ばれたりするのは、大抵この議員会館の部屋です。いろんな説明や陳情など、企業の人・地方議員・マスコミなどでごった返しています。外国の大使館員なども見かけます。建物には、議員の個室だけでなく、国会事務局の一部、政党の一部も入って、食堂も売店もあります。

　第二次安倍政権が誕生して以来、売店には様々な安倍首相関連グッズが置かれるようになりました。安倍首相だけでなく昭恵夫人や麻生副総理のお菓子、それに若手ルーキー小泉進次郎議員の出身地横須賀海軍カレーなどがあります。2019年５月より元号が変わりますので、再び急に売れ出して現在はソルド・アウトになっているのは「ありがとう平成まんじゅう」だそうです。歴代総理一覧湯飲みや歴代首相漫像扇子、国会議事堂絵はがきなども販売しています。ぜひ、国会にお立ち寄りの際は議員会館内の売店をのぞいてみて下さい。

その他参照すると良い資料
①「国会議事堂大図鑑」（PHP 研究所・編、PHP 研究所）
②「国会議事堂ナビゲーション」（阿部和江・著、橋本美貴子・画、文園社）
③「もっと知りたい！　国会ガイド」（宮下忠安、小竹雅子・著、岩波ブックレット）
④「政治のしくみがわかる本」（山口二郎・著、岩波ジュニア文庫）
⑤「14歳の世渡り術　あした選挙へ行く前に」（池上彰・著、河出書房新社）
⑥月刊「ポプラディア」2009年２月号「特集　探検国会議事堂」（ポプラ社）
⑦「誰も書けなかった国会議員の話」（川田龍平・著、PHP 新書）
⑧赤坂経済新聞（https://akasaka.keizai.biz/headline/2925/）
⑨毎日新聞 Web「毎日 jp」の中の「ニュースがわかる」（https://mainichi.jp/wakaru/）
⑩『国会議員基礎テスト』（黒野伸一・著、小学館）
⑪衆議院 HP：http://www.shugiin.go.jp/
⑫参議院 HP：http://www.sangiin.go.jp/
⑬国立国会図書館 HP：http://www.ndl.go.jp/
⑭首相官邸 HP：http://www.kantei.go.jp/
⑮毎日新聞「まんがでわかる選挙」（https://mainichi.jp/senkyo/ch160611707i/）

⑯キッズネット「政治家」(https://kids.gakken.co.jp/shinro/shigoto/occup/detail/059.html)

⑰『シンプルな政府："規制"をいかにデザインするか』(キャス・サンスティーン・著、エヌティティ出版)

第13章 内閣と議院内閣制の不思議

① 行政はややこしい

　行政とは何でしょう。現代国家においては、様々な機能や仕事が複雑に結びついているので、定義することが容易ではありません。このため、大概念から引き算をして、「国家権能のうち、立法権と司法権の権能を控除した後に残る国家活動全般をいう」などと説明したりします。あえて定義をすれば、「行政とは、法の規制を受けながら、現実に国家目的の積極的実現をめざして行われる全体として統一性をもった継続的な形成的国家活動のこと」だと言えるでしょう。

　国や地方公共団体などの法人（一定の目的のために結合した人の団体＝社団、や財産の集合＝財団に対し、法律によって人とみなされた＝法的人格が与えられたもの）が主体（権利義務の責任者）となり、実際にその手足となって行動する機関（各省庁など）を設け、自然人（原野を駆けめぐる野人のことではありません。法人に対する人間の名称）をその機関の職（公務員）に当てて職務を行わせているわけです。行政主体（国や地方公共団体＝総理や首長）に対して、その手足となって職務を行う機関（各省庁など）を「行政機関」と呼びます。

　行政機関には、法律により、一定の権限と責任が割り当てられています。行政機関が、その割り当てられた範囲内で行った行為の効果（権利取得や責任など）は、行政主体に帰属して、行政機関そのものには帰属しません。仕事をしている一公務員が責任を問われるのではなく、国や地方公共団体が責任を問われることになります。

このように、行政機関の行為の効果が行政機関には帰属しないことを、「行政機関には人格がない」と表現したりします。よく、お役所は融通が利かないとか、杓子定規だとか言われるのはこのためでしょう。いわば、ある人が相手を殴ったが、責められるのはその人自身（行政主体）であって、その人の拳（行政機関）ではないということでしょう。

> **行政主体**：内閣（総理大臣＋国務大臣）や首長
> **行政機関**：
> ①行政庁（行政官庁）　府・省・庁・委員会などの事務配分の単位としてそれぞれの官署をさします。独任制と合議制があり、各省大臣や都道府県知事、市町村長、検察官などが前者、財務省、文科省など、それに公正取引委員会や人事院などの行政委員会、地方公共団体の教育委員会、選挙管理委員会などが後者に当たります。2009年9月に、内閣府に「消費者庁」という新しい行政機関ができました。
> ②諮問機関　行政庁から諮問を受けて、審議、調査し意見を具申する機関のこと。たとえば、審議会・調査会（中央教育審議会、公務員制度調査会など）
> ③参与機関　行政庁の意思を法的に拘束する議決を行う行政機関
> ④監査委員会
> ⑤執行機関
> ⑥補助機関

内閣というと総理大臣やその他の国務大臣をイメージします。しかし、戦前までの大日本帝国憲法では「内閣」という規定がなく、天皇が行政権を有していて、国務大臣は天皇を補佐するものであることが定められていました。日本国憲法では、行政権は内閣に属し、合議体としての内閣がすべての行政権を統括することを定めています（第65条）。そして、内閣は首長たる総理大臣（国務大臣の任命・罷免権、指揮権などを持ち、国会議員から国会が指名する）と国務大臣（総理大臣が任命し、過半数は国会議員から選ばれる）で構成され（第66条）、総理大臣主催の閣議によってその職権を行使します。閣議は週2回（火・金）の定例閣議と必要に応じて臨時閣議が開かれ、

内閣総理大臣の紋章

182　第13章　内閣と議院内閣制の不思議

総理大臣、各国務大臣（内閣法では、内閣総理大臣を除いた国務大臣の数は原則14人とされ、必要であれば更に３人まで任命できることになっています）および３名の官房副長官と内閣法制局長官が出席して、慣行として決定は全員一致とされています。

> **国務大臣**（兼任することで大臣数は最大17名）：
> ＜常設大臣（13）＞　総務大臣、法務大臣、外務大臣、財務大臣、文部科学大臣、厚生労働大臣、農林水産大臣、経済産業大臣、国土交通大臣、環境大臣、防衛大臣、内閣官房長官、国家公安委員会委員長、
> ＜内閣府特命担当大臣（必置３）＞　「沖縄及び北方対策担当」、「金融担当」、「消費者及び食品安全担当」
> ＜その他必要に応じて内閣府に置かれる大臣＞　経済財政政策担当大臣、科学技術政策担当大臣、防災担当大臣、男女共同参画担当大臣、個人情報保護担当大臣、少子化対策担当大臣、消費者担当大臣、地域主権推進担当大臣、行政刷新担当大臣など
> ＜内閣官房の重要事項担当部署の担当大臣＞　郵政民営化担当大臣、規制改革担当大臣など

　さて、「行政」を広辞苑で引くと「立法、司法以外をいう」と説明されています。もともと絶対君主が持っていた権限を、市民革命によって議会と裁判所が獲得し、残ったものが行政というわけです。ですから、放っておくとどんどんその範囲を広げて行きますので、三権の中でも権力が乱用されて国民の権利を侵害する可能性が最も高いものだと肝に銘じておく必要があります。

　たとえば皆さん、内閣と内閣官房と内閣府はどう違うか説明できますか。おそらく、ちゃんと説明できる人はいないと思います。内閣は、憲法第65条・66条で行政権を統括する組織とされていますのでいいとして、また、内閣官房長官は首相のスポークスマン（広報係）のようなイメージで、のらりくらりとメディアの質問をかわしている感があります。

　実際は、内閣官房は、首相のスタッフ機関（いわゆるブレーン）であり、閣議の開催や閣議事項の調整、内閣の重要政策の企画立案・情報収集を行うという、かなり重要な仕事を行っています。それゆえ、内部組織の一部は首相官邸

にあり、総理大臣を直接に補佐・支援する機関とされます。その事務を統括する官房長官は、10億円を超える機密費を管理していて、国会対策、野党やメディアへの対策、外国賓客への接待などに使われていると言われています。

　内閣府はというと、もとは総理府と呼ばれていましたが、2001年の中央省庁再編とともに、各省庁よりも上位に位置し、内閣を助け、内閣の重要施策に関して審議と行政各部の総合調整を行うことが仕事で、そのために複数の特命担当大臣を置けるようになっていて、必要と判断される企画立案や情報収集などのためには、内閣府の長である総理大臣の考え次第で予算を立てることができるというよく実態の分からない組織と言えます。ですから、自民党衆議院の高市早苗議員からの質問主意書で、「内閣府の長である内閣総理大臣は、行政刷新会議による内閣府要求予算に関する事業仕分けの評決結果は、平成22年度予算編成において、最大限、尊重されるべきだと考えるか。その理由は何か。」という質問を出しています。どうも事業仕分けの対象とはなり難い部署だと言えるでしょう。

② 「生活維持省」（星新一）は、行政機関として設置可能か

　前節では、分かりにくい行政組織について説明をしましたので、少し柔らかい話をしましょう。

　ショートショートの名手、星新一氏の著書『ボッコちゃん』に所収されている「生活維持省」というストーリーがあります。1960年につくられたストーリーなので、未来社会の記述が若干古めかしい感じを受けますが、さすがに星新一氏ですね、その鋭い風刺と余韻の残る結末は、いつも読後しばらくは考えさせられることになります。最近では、2008年からNHKが「星新一ショートショート」として、数話ずつ短いアニメにして放送し、好評を得ているようです。

　さて、「生活維持省」とは、未来社会が選択したある国家の豊かな生活を維持するためのシステムを管理するお役所ということになります。舞台となる国は、コンピュータでランダムに選ばれた一定の国民の命を奪うことによって人

口を抑制し、その結果、生活水準の高い、豊かで平和な生活が維持できるというシステムを国民の合意の下で作ったのです。このシステムを公平に施行する「生活維持省」に勤める、若く独身の男性公務員が主人公となっています。彼は、上司である課長から、その日の死亡予定者の情報が書かれたカードを数枚受け取り、同僚と車に乗って死亡予定者の家へ向かうのが日課でした。いわば、外勤のノンキャリアといったところでしょう。その日も、いつものように死亡予定者の家へ向かい、チャイムを押す。母親が玄関に顔を出しますが、すぐに胸のバッジを見て眉をひそめるのですが……。

星新一『ボッコちゃん』
新潮社

では、抜粋をご覧ください。

　「奥さん、いまさら、そんなことをおっしゃられても困りますね。よくご存知のはずではありませんか。人々が、このような静かな広々としたなかに、のんびりと住むことができる社会。ほとんど働かないでも欲しいものを手に入れることができ、読書や園芸や音楽など、好きなことをしてすごせる社会。奥さんはそんな社会の生活になれきってしまって、ありがたみを忘れかけているのかもしれませんね。それに、犯罪でいやな思いをすることも、病気で苦しむこともありません。このすばらしい社会を維持するためには、みなできめた方針に従うよりほかに、方法がないではありませんか。」
　「だけどなにもアリサが……」
　「みんなわがままを主張して、この方針をやめたら、どうなります。たちまち昔のように人口がふえ、このへんにだって、あっというまに、アパートがごたごた立ち並んでしまいましょう。そして、どの窓からもうるさい赤ん坊のわめき声がもれ、広場には教育の行きとどかぬ悪童のむれがあふれるでしょう。道の上では、たえまない交通事故。現在がそんな時代だったら、アリサさんだって今の年齢まで生きられたかどうか、わからないではありませんか。それに、ひと時も気を抜けない生存競争でひきおこされるノイローゼ、発狂、自殺。いたるところにただよう、よごれきった空気。こうなれば、あとはもう一本道です。規格化された人間の大群、騒音をともなう刺激的な娯楽、それで行きつくところは、いつも同じ、

戦争です。……中略……地上の大部分を、文明とともに廃墟にしてしまう戦争の方がお好きなら別ですが、多くの人は、戦争を好きではありません。わたしだって、きらいです。それには、みなが公平にその負担を受けなくてはなりません。生活維持省の計算機が毎日選び出しているカードは、ぜったいに公平です。情実が入っているといううわさなどが立ったことは、ないはずです。そう、老人だからといって、子供だからといって、差別をすることは許されません。生きる権利と死ぬ義務は、だれにでも平等に与えられなければなりません。」
……中略……この方針にはすべての人が従っているのだし、従わなければならないのだ。

玄関の外へ明るい歌声が近づいてきた。

「アリサさんですね」　主婦は力なくうなずいた。……中略……私は玄関の物かげに身をひそめ、内ポケットから小型の光線銃を出して、安全装置をはずした。……後略……。

ショートショートは、最後にどんでん返しや落ちがあり、物語が短い割にインパクトが強い話となっています。この「生活維持省」もよくよく考えると、国民の豊かな生活のために、公平ではあるが少数の国民が豊かな生活維持のために犠牲になるという話ですので、普通ではちょっと考えられない行政ということになります。「最大多数の最大幸福」として、あり得ないことではありませんが、少数とはいえこのような他人の不幸の上にある幸福をよしとするのは、国家政策として選択してはいけない道だと思います。

このように、一見すると平等で秩序正しい理想的な社会に見えますが、徹底的な管理・統制により自由が奪われた社会をディストピア（J・S・ミルが1868年に行った演説で初めて使われたと言われています）と言います。ちょうど理想郷ユートピアの逆の社会を表現しています。国家が政治的プロパガンダによって国民を洗脳し「理想社会」に見せかけます。この体制に反抗する者には治安組織が制裁を加えたり、社会から排除するといったことが多いようです。社会主義を批判的に描いた文学作品に多く見られます。

非理性や感情が支配する社会を批判し、理性が統制する社会を楽観的に描くユートピア文学の書き手が、現実に社会が理性や科学で統制され始めた20世紀

を楽観視できなくなって、従来の「ユートピア」を逆転してディストピアとして描くようになったとも言われています。

現代では、恣意的な政治的宣伝というよりも、自由な意思決定を前提に置いた自己責任社会を突き詰めて行く（「君はなんでも自由に考え決めることができる。ただし、自分で決めたことは自分できちんと責任とりなさい」と囁く）と、責任のがんじがらめの中で自由な選択や行動ができなくなります。現代国家は、むしろそうした状況をうまく利用し、自由を前面に押し出しながら、リスク管理を個人の責任にしてしまうことで、結局、だれもがリスクを避けたいがために自ら自由を制限する社会を期待する戦略をとります。

たとえば、2004年に「自分探しの旅」に各国を放浪しイラクまで足をのばした青年が、イスラム過激派に拉致されるという事件がありました。当時の政府は、「好奇心に駆られた若者の思慮の足りない行動」として咎めるばかりで（その上、メディアは家族による謝罪と政府へのお願いを報道していました）本気で解決に動いていなかったようです。その結果、青年は斬首され、路上に置き去りにされたのでした。その後の社会は、「人生人それぞれ……。」と言いながら都合が悪くなると「それは自己責任だ！」という社会観念が広がったような気がします。時を同じくして、雇用の自由化・規制緩和と称して「契約社員」や「派遣社員」が大幅に増えた時期でもあります。自由を盾にリスク管理を自己責任に転嫁した典型と言えるでしょう。

ここでは、個人は現在の行動が自己の将来にいかなる影響を与えるのかを計算した上で決定することを求められます。あえて「危険」を選択した者は、その結果に責任を負うことになります。この「危険」は具体的な個人の行為による事後的な結果ですが、「リスク」という場合は、いわば危険の予測のことであって、まだ起こっていない蓋然的な「危険」の予測のことです。したがって、「リスク管理社会」においては、社会全体を対象として、統計的にハイリスクなものを政府が予測して絞り込む必要があります。危険性を宣伝し、注意を呼び掛け、予防します。予防の任務は、抽象的なリスク・ファクターを特定の個人へと具現化することをあらかじめ回避することです。問題（危険）が生じて

から対応するのではなく、リスクを早期に発見し、防止することが必要です。ですから、統計的にハイリスクなものを政府が予測して絞り込み、情報として十分伝えることが前提になります。十分な情報がなければ、自由な選択の責任を個人のみに帰することが酷になるからです。この意味では、派遣法の改正はリスクについて十分に伝えていたのかという疑問が残るでしょう。

　こうした、いわば放っておいて、問題が生じた時に責任を取らせる戦略は、弱い立場の人に理不尽な結果を生み出すでしょう。リストラの後再雇用されずにホームレスになった人たちは口々に「自分の努力が足りなかった」「自分が悪いのです」と言うのだそうです。政府の思惑（？）が浸透した結果と言えましょう。

　いっぽう、大胆な政策によって国家を粛正しようという物語があります。ちょうど「生活維持省」のアイデアをインスパイア（？）したかたちで、2008年にコミックが映画化され話題を提供した「イキガミ」です。小学館側の「生活維持省という作品を一度も読んだことも見たこともない」というコメントはいただけませんが、著作権法の目的は文化の発展ですので、星新一氏の作品がより新しい文化を生んだ（星氏への敬意が見られないのが気になりますが）と考えれば、星氏の長女マリナさんの最終的な大人の対応はベターであったと思います※。

　では、ひとまず、「イキガミ」のあらすじをご覧ください。

「イキガミ」のエピソード

　舞台となるある国家は、平和ボケした若い国民の命をランダムに奪うことによって「命の尊さ」を教え、前向きに生きようとするエネルギーを取り戻し、それにより国家の繁栄を保つという「国家繁栄維持法」という法律が制定された。そして、その法律を施行するのは、厚生保健省というお役所である。「イキガミ」の主要登場人物は、区役所に勤める、若くて独身の男性公務員である。彼は、上司である課長から、その月の死亡予定者の情報が書かれたカードを数枚受け取る。

※「イキガミ」と「生活維持省」の問題の詳細は、星新一公式サイトにてご覧ください。星新一公式サイトアドレス：http://www.hoshishinichi.com/ikigami/index.html

188　第13章　内閣と議院内閣制の不思議

タクシーに乗って死亡予定者の家へ向かいチャイムを押すと、母親が玄関に出てくる。公務員が、その家の息子が国家によってランダムに選ばれた死亡予定者であることを告げると母親が動揺する。母親は、公務員の説明を聞き、苦しみながらも息子の死を受け入れる。この家の息子は、公務員の告知の後24時間で小学校入学時の予防接種であらかじめ体内に埋め込まれたカプセル（0.1％の割合）が破裂して死亡するというのだ。さて、志望予定者（18歳から24歳）の若者たちは24時間を如何に生きるのか……。

　「人生最後の24時間、あなたは誰のために生きますか」というのが映画のキャッチフレーズでした。「生活維持省」と違って、この理不尽なシステム自体に異を唱えるのではなく、残りの生を如何に過ごすかという点に視点を置いている点で、作品としてはまったく別のものになっています。この点で、国家政策への風刺や深い部分（豊かな生活とは何か）への思索の可能性など、広がりがある「生活維持省」の価値が光ります。

　そもそも、国民に「生命の価値」を再認識させることを目的として、しかもその手段として若者たちを対象にするという設定に法律や政府としての理由や正当性がありません。「イキガミ」の原作者は、その辺の設定の重要性を考えずに、単に予告された若者が24時間をどう生きるのかにテーマ設定をしているので、たとえば、24歳を過ぎてしまえばそうした危機感は続かないわけですから、「危機感こそが生命の価値に対する国民の意識を高め、社会の生産性を向上させるという目的は果たせないことになります。そもそも、何で24歳までなんだということがはっきりしませんね……。こうした設定が作品の軽さになっているのでしょう。

　どちらの作品にしても、現実に「生活維持省」や「国家繁栄維持法」および「厚生保健省」が選ばれた国民を殺害することに何らの正当性も考えられませんので、設定不可能と言えるでしょう。ただ、以前に英国議会で議論され、現在の出産前血清マーカー診断の公費負担の切っ掛けになったエピソードがあります。ちょっと紹介しておきましょう。

ハワード・カックル教授の障害児にかかるコストシュミレーション

　出生前の検査システムを、20年前に開発し、その整備につとめてきたのが、リーズ大学のハワード・カックル教授です。公衆衛生学の専門家であるカックル教授は、出生前の検査の費用をすべて公費で負担しても、障害者の数が減るので、社会的負担は軽減されると主張してきました。イギリスでは、障害者が65歳まで生きたときに、一般の人よりも、およそ2400万円多く、国が支出すると推計されています。カックル教授は、出生前の検査にかかる費用の方が、遙かに安上がりだという計算を論文で行いました。多くの妊婦の中から、出生前の検査で、障害を持った胎児をひとり発見するのにかかる費用は、38,000ポンド、およそ760万円です。その胎児が中絶されれば、社会が負担する費用は3分の1で済むと主張しました。20数年前のはなしです。

　イギリスは中世に、「ペスト」や「チフス」など、国の存在すら危うくする疫病の大流行を何度も経験し、その中で社会的に予防システムを作り上げてきたという歴史的経緯があります。そのため、医療の項目によって、公的に費用を負担するものと個人が負担するものとに分かれ、出生前診断は、医療の重要な項目と認められてほとんどの地区で行政が全額負担しています。現在では、妊婦のほとんどが出生前検査を受けるイギリスでは、検査費用は行政にとっては大きな負担になります。医療費の増加に悩み続けてきたイギリスが、この検査を重点項目に上げ、公的に費用を負担することで障害児の生まれてくる数を減らそうという主張だったのです。たしかに、障害児の数を減らしたカックル教授らの実績は、WHOでも高く評価されています。

　しかし、第二次大戦勃発直後、ナチスの官僚と医師が中心となり、T4と呼ばれる障害者の殺害が計画されました。ナチスは、ドイツのハダマーなど各地の精神病院で、精神障害者を地下のガス室に集め、7万人を殺害したのです。この計画を実行に移した後、ナチスは、国家にとってどれだけの物と金がういたかという収支決算表を作り、障害者が施設で10年生きた場合の経費を試算し、例えばジャガイモではおよそ19万トンが節約できた、合計では8億8500万ライヒスマルクの国家の経費がういたと報告しました。これは障害者の命を経済原則で割り切るもので、優生学を政治に利用した忌まわしき歴史であり、やはり許されるものではないでしょう。出生前診断が医学としてどう評価されるのか、QOL（生命の質・生活の質）を誰が判断するのか、大変難しい問題です。

　日本でも1万円を払えば、生まれてくる命の情報を知ることができ、妊婦に安心を与えるものだと宣伝されています。しかし、この検査は、妊婦にすべてを委ねることで、医師や行政が生命を守る社会的な責任を回避するというもう一つの顔を持っています。そして、一人一人の妊婦が受け止めるのは、その命の未来の可能性まで含めた重い問いかけだと言えるでしょう。

③ 議院内閣制なのに三権分立の意味

　憲法が定める権力分立の原理（立法・行政・司法それぞれに分けて権限を規定）と議院内閣制度（67条など）はどうも折り合いがよくないようです。議会の第一党が政権与党となることで、立法と行政の二権力が融合しやすい構造になっているからです。とくに、大衆民主政治の時代になって、お金と票の面で政党組織に依存することが多く自立性を失う傾向が見られます。法案議決においては党の議員拘束がかけられる場合が多く、党組織の集権制が高まり効率的ではあるが、民主主義にとって疑問が残るところです。イギリスでは「選ばれた独裁性」と呼んで議院内閣制に内在する独裁の危険性を喚起しています。

　イギリスは厳密な意味での二大政党制ではなく、保守党と労働党のほかにも、自由民主党や地域政党などがあります。二大政党制と言われるゆえんは、伝統的に小選挙区制であったため、労働党と保守党の2つの政党が永く生き残ってきただけです。下院議席650のうち400あまりの議席は、セイフティシートと呼ばれ、労働党と保守党が各200議席ほど指定席になっているので、残りの200あまりの議席が中間票によってどう変化するかで、4〜5年ごとに政権政党が変わるという特徴を持っています。最近では、久しぶりに連立内閣が成立し話題になりました。

　また、イギリスというと「マニフェスト」が有名ですし、ウエストミンスターモデルと言われ、政策や政治的意思がトップダウンで行政府に下される降下型議院内閣制が特徴と言われます。内閣は議会の多数派が構成する統治の最高指導機関であり、閣僚は各省庁の代弁者ではなく、各省庁のリーダーです。官僚機構に指示できるのは内閣のみで、議会の平議員（バックベンチ）が官僚機構に直接アクセスすることは禁じられています。したがって、政権与党には行政に関する大きな権限が与えられ、行政府の官僚機構を統率し、手腕を発揮しやすくなります。

　民主党の小沢氏は、このモデルを念頭に置いて、参院でも過半数議席の獲得

イギリス国会議事堂

を目指して、行政権限の強い内閣を作ろうとしてきました。官僚によって支配されてきた日本の政治を、イギリスをモデルに国会と内閣を一元化し、国会審議の場から官僚を排し（政府参考人や内閣法制局長官を委員会審議の場から締め出す）政治家だけで議論する体制を整えようとしてきたのです。しかし今、お手本のイギリスの政治自体が変わろうとしています。下院と政府の一元化が下院を「プードル犬化」（政府主導のラバースタンプ化した下院）した、との批判が出され、下院が「ブルドッグ」に変身するためには、政府監視の権限を下院側に取り戻せと主張されています。現在のキャメロン首相率いる政権政党は、保守党と自由民主党の連立内閣であり、貴族院の公選制への改革も考えているようです。

　もともと、ウエストミンスターモデルは、小選挙区制、二大政党制、貴族院固定制、一党単独内閣、議会における政府の優越などを特徴としていました。いっぽう、コンセンサスモデルは、比例代表制、多党制、コーポラティズム（政府と利害関係者が協調して政策決定を行う）、連立内閣、政府と議会と均衡などを特徴としている議院内閣制です。日本は、議院内閣制と小選挙区・比例代表並立制という両方の選挙制度を採用し、参議院も公選制で3年ごとに半数が改選され、ねじれの可能性がいつも付きまとうことになります。それだけに、ウエストミンスター型、コンセンサス型にこだわらず日本の社会的背景や政治文化を前提に、独自の政治システムを考えるべきでしょう。衆参両院でねじれのない強い民主党を目指すということは、民主党が従前の自民党化することに他ならないでしょう。むしろ、ねじれ国会の中で、政権政党がどう手腕を発揮できるかが本来のあるべき民主政治ではないでしょうか。

　政治学者のアーレンド・レイプハルトの研究では、比例代表制の国の多党制「コンセンサス型デモクラシー」の方が、二大政党制の国の「多数派デモクラシー」よりも「質」がすぐれ、女性の政治進出、投票率などの指標でまさって

いると指摘しています。比例代表制・多党制を前提としたコンセンサス型政治は、決して小選挙区制・二大政党制を前提とした政治に劣っていないようです。

　議院内閣制なのに三権分立を原則にするとは、議会と政府の結びつきが強くなり過ぎないように議会が政府をチェックできることをいうのです。議会は最終的には多数決で決められるので、１票でも少ない野党の意見は反映されることがありません。議会が持つ国政調査権や議員立法は、最終的に与党が反対すればこの効力もありません。また、最高裁判所長官と判事は内閣が指名しますので、政治的には最高裁判所は内閣の意に反する判決は出せないでしょう。議院内閣制において政権交代がないと、官僚集団が政権与党の私兵となりかねません。情報と資金をすべて政権与党の有利な方へ使うことになり、選挙受けする施策まで官僚が考案するなどということになりかねません。これをはたして民主国家といえるのか、疑いたくなるのは自然ですし、若者が政治をおもしろいなどと思うわけがありません。

　日本では、政治家もマスコミ、政治学者も、英語教育を受けてきたせいか、英語圏の制度や学問を勉強することに熱心で、イギリスとアメリカの民主主義がベストだと思ってしまう傾向があります。小中学校の公民科、高校の現代社会や政治経済では、イギリスの議会制民主主義や議院内閣制、アメリカの大統領制の特徴を日本の議会にとりいれているという学習しかしていませんが、今後は本当の議会制民主主義とはどういう形なのかを考える学習である必要がありましょう。そうすれば、いつも批判される若者の投票率も上がるのではないでしょうか……。

第14章 司法権

不思議な司法の住民たち

① 裁判官と検察官と弁護士　どこが違うの？

　司法というと、裁判官・検察官・弁護士の三者を思い起こす人が多いでしょう。これらの職業を法曹と言います。外国では、ロイヤーとかジュリストと言われているものです。法を扱う専門職という意味です。このうち弁護士は明治初期には代言人と呼ばれていて、裁判官・検察官とは別の試験がありました。その後、判事および検事には、高等文官試験（高級官僚試験のことで、行政科・外交科・司法科の３コースがあった）に合格した人がなれ、戦後は、高等文官試験が廃止され、いわゆるキャリア官僚には国家公務員Ⅰ種試験を、裁判官・検察官・弁護士には統一的な司法試験という制度が採用されるようになりました。現在は、誰でも受けられた旧司法試験ではなく、学部卒業後、法科大学院を修了して５年間のうち３回の試験でパスしなければならないことになっています。

　裁判官・検察官・弁護士の法曹三者は、司法試験という日本で最も難しいと言われる試験をパスしないと原則としてなることができませんが、裏技もありますので調べてみてください。

　裁判官のバッチは、八角形の銀色の鏡（三種の神器の一つ八咫鏡）の真ん中に、白文字で「裁」という文字があしらわれています。鏡には「真実を映し出す」という意味が込められているそうです。裁判官は、法廷では黒い法服を着ているためその下のスーツの胸のバッチを見ることは難しいです。黒い法服を着ていない時、たとえば和解の席であるとか、裁判所内の移動中などではバッチを見ることができるかもしれません。

194 第14章 司法権

　検察官のバッチは、真ん中に紅色の旭日が据えられ、その周りに菊の白い花弁と金色の葉があしらわれています。その形が霜と日差しの組合せに似ていることから、一般に「秋霜烈日バッチ」と呼ばれています。「秋霜烈日」は、漢字検定の四字熟語に出てきますが、秋に降りる霜と夏の厳しい日差しのことを表し、刑罰や志操の厳しさにたとえられます。デザインの画像は法務省のホームページ内にあります。

　弁護士のバッチは、ひまわりをモチーフにし、真ん中に「はかり」があしらわれています。ひまわりは「自由と正義」を意味し、はかりは「公平と平等」を意味します。画像は法律事務所のホームページなどにありますので調べてみてください。金色部分は銀の地金に金メッキが吹き付けられたものなので、長年つけていると金メッキがはがれて、地金の銀色に変化します。ですから、新人弁護士かベテラン弁護士かは、バッチの色で判断できます。昔は経験豊富さを示すために無理に金メッキをはがしたりしたそうですが、最近は金色のほうが見栄えがするという理由で、できるだけ金メッキがはがれないように気を遣っている弁護士も多いようです。

　ちなみに、法曹のたまごともいえる司法修習生のバッチは、裁判官をあらわす「紫」と検察官をあらわす「紅」と弁護士をあらわす「白」の３色を使って、ジャスティスの「Ｊ」が形作られています。また、昨年から始まった裁判員制度に参加した裁判員と補充裁判員には、２つの円が交わった裁判員のシンボルマークをデザインしたバッジが贈られているそうです。

　また、裁判官のバッジには裏に番号が付いていませんが、検察官のバッジにはバッジの発行番号が付いていて、男性用と女性用で、別々の通し番号が付してあるそうです。弁護士のバッジには、弁護士登録時の登録番号が付されているそうです。

　次に法曹人口を見てみてみましょう。日弁連の2011年版「弁護士白書」によると、2011年度末で、裁判官（簡裁判事除く）2850人、検察官（副検事除く）1816人、弁護士３万5018人だそうです。弁護士は急激に増えて、仕事を探すのが大変になったとも言われているのですが、裁判官と検察官は年間40名〜70名

くらいしか増えていません。現在の司法試験は、原則、法科大学院を終了しないと受けられないのですが、新司法試験合格率が3割であることと社会人入学者の合格率が低いことで、希望者が減っているようです。2010年11月から、司法試験合格者の給与を貸与制にすることが決まっていますので、奨学金を借りて法科大学院に入学した社会人にとっては、さらなる返済の試練が待っていることになるでしょう。世間もうらやむ司法修習生なのですが、当人にとってはうらめしい合格かもしれません。2010年4月の時点では、司法修習（司法試験合格後1年間）を終えた者で、弁護士希望者のうち4割以上の就職先が未定だということが日弁連のアンケート調査で示されています。

　さて、説明してきましたこの法曹三者が、司法権に直接関わる専門家ということになりますが、では、この三者はいったいどのように違うのか説明して行きましょう。裁判に直接お世話になる人はそう多くはありませんので、意外と知らない人が多いようです。それに、憲法第6章でいう司法とはこの三者のうちどれをさすのかと問われたらきっと答えられないでしょう。中には、警察も検察も司法機関だと思っている人がいるのではないでしょうか。警察と検察の役割の違いなどは、はっきり分からない人が多いかもしれません。司法機関ではありませんが、まず警察から説明していきましょう。

●警察＝捜査に関する行政機関（司法警察と行政警察）

　警察は犯罪捜査の端緒（司法警察）を担う機関です。日頃の防犯活動（行政警察）を契機に犯罪を発見したり、被害者からの届け出によって、犯罪事実を捜査によって確認し、証拠を集める機関（行政機関）です。ですから、法律の専門機関ではありません。テレビのニュースで「A容疑者（正式には被疑者）を殺人・死体遺棄の罪で取り調べをしています」などと警察の捜査段階の情報を報道していても、後に被疑事実が「傷害致死」に変わっていたりすることがよくあります。法律の専門家ではありませんので、慣習上判断しているだけだからです。警察官は、法律の専門的な勉強をしません。犯罪捜査の手法は経験的なたたき上げによって身につけて行くからです。

196　　第14章　司法権

　警察官は、刑事訴訟法上、「司法警察職員」と呼ばれます。そして司法警察職員は、「司法警察員」と「司法巡査」に分かれます。司法警察職員のひとつである警察官は、公安委員会規則の定めに従って、階級によって司法警察員か司法巡査かが区別されるのです。一般的には、お巡りさんと呼ばれる「巡査」および「巡査長」の階級の者は「司法巡査」とされ、「巡査部長」（警察組織の初級幹部）以上の階級（警部補〜警視総監までの８種の位をさす）の者は司法警察員とされています。わかりやすく言えば、司法巡査が捜査に関しては見習いの警察職員であるのに対して、司法警察員は捜査に関して一人前の警察職員であると言えます。よくテレビドラマで、殺人現場の立ち入り禁止テープ"KEEP OUT"の外で、立ち入らないように見張りをしているのが司法巡査で、テープ内で捜査に加わっているのが司法警察員と考えればいいでしょう。司法巡査と司法警察員は捜査に関する権限（司法巡査は、逮捕状の請求もできません）が異なるだけで、警察職員としての階級とは直接の関係はありません。

　ちなみに、警察官になりたいと言う人は、都道府県ごとに年に２〜３回試験を行っていますので、是非挑戦してみてください。いわゆる過去問を暗記するくらいやっておけば一次試験には間違いなく受かります。ただし、受かってから十分刑事法関係および人権の勉強をして欲しいと思います。被疑者・被告人の権利について無知な人や刑事法の原則を机上の理論と思うような人が警察官になったら困ったことになります。たとえば、逮捕令状や捜索令状などの令状は、警察が発行するなんて思っている人は、警察官になるなんて考えない方がいいかもしれません。戦前の特高警察のように適正手続きによらずにいかなる違法捜査も可能になってしまうからです。警察官になりたい人は、日本国憲法の被疑者・被告人の権利について特によく勉強して欲しいものです。憲法は国家権力の人権侵害に対して制限をかけるためにつくられているのです。警察によって逮捕されたり、検察官によって起訴されたりすると、国民は自由・生命・財産を奪われる危険性が生じます。そこで、国が権力を発動することによって国民に不自由を強いる際には、その条件として憲法の刑事手続きの規定に従う必要があるからです。

次に、警察官と検察官の違いについてです。警察は犯罪や事件に関し最初に捜査を行う（検察庁の特捜部は、例外で、政治家汚職、大型脱税、経済事件などを独自に捜査します）末端の機関です。司法警察職員は被疑者を逮捕・取り調べを行い、48時間以内に書類とともに（在宅のまま書類だけを送る場合もあります）検察庁へ送致しなければなりません。検察官が被疑者を裁判にするかしないかの判断の材料を集めて、司法専門家としての検察官に決定してもらうことになっているのです。

●検察官＝公訴の提起を独占し、刑事裁判では主導的役割を担う準司法機関

　検察官は、送致された事件を再確認・再検証し、集めた証拠に基づいて有罪と判断するに足る場合は、単独で公訴を提起し、公判を維持し裁判所に意見を述べることができます。本来検察庁は法務省の下部機関（政治的中立性をもつ特別の機関）の行政機関ではありますが、刑事裁判では起訴状の朗読、冒頭陳述、論告求刑等を行う主導的立場であることから、準司法機関とも呼ばれています、しかし警察とは異なり「犯罪を予防鎮圧する権限」等は持っていません。また、警察官に認められている武器（ピストル）の携帯使用、職務質問、立入権限、保護、交通規制なども認められてはいません（警察官職務執行法、道路交通法参照）。

　「……特に必要があるときは、法務省の職員（検察庁の職員を除く）のうち、133人は、検事をもってこれに充てることができる」（法務省設置法付則4条）と定めています。このため、法務省の要職、たとえば官房長や局長などは検事（裁判所から出向した裁判官出身者が検事に任命された上で行われる場合もある）が、検事としての官職を保持したまま兼任・併任または充て職（法務事務官の官職を兼ねず、検事の官職のみを有したまま法務省の職に就くこと）の形で占める例が大変多いようです。また、課長などの役職者とならない場合は「局付検事」と呼ばれ、検事であることを強調して役職の代わりの名称になっています。このことを見ても、法務省では検事が幅を利かせているのが通例のようです。またいっぽうで、裁判官も毎年40人前後が法務省民事局や訟務関係部局に出向し

198　第14章　司法権

ていますので、国Ⅰ（国家公務員１種）合格だからといって法務省を希望することはお勧めできません。

　キャリア官僚（国家公務員１種合格者）の出世街道は、昔からあまり変わっていません。各省庁でたったひとりしかたどり着けないゴールは、事務次官（たとえば外務事務次官、財務事務次官）ですが、法務省のトップである法務事務次官は歴代いずれも、検察官出身者です。さすがに事務次官任期中は一時的に検事の官職を解かれて就任するのが慣例になっているようですが、後職では再び最高検の検事長等に就任している人が多いようです。法務省は、検事出身者でないと局長以上の出世は不可能とまで言われていますし、判検交流で裁判官の出向もありますので、トップを検事や判事が占めてしまうので他の省庁のようにキャリア組の熾烈な出世競争はないようです。ちなみに、他の省庁では、同期入省組の中で局長以上に昇進できなかった人たち（いわゆる負け組）のための花道として「天下り」がつくられたのだそうです。しかし、現在では、勝ち組の天下りの方が有名になってしまいましたが……。

●裁判官＝法廷の審理を主宰し、良心に従って職権を行う孤独な集団

　2011年度末で、日本の裁判官の数は2850人です。制度上最年少判事補は25歳くらいで、高裁、地裁判事の定年は65歳（最高裁と簡裁は70歳）です（裁判所法50条）。最高裁判所は全国にひとつで、最高裁判所判事は15名（１名は最高裁長官）です。最高裁長官は内閣の指名（実質的な選択）に基づいて天皇が任命（ある官職や役目に就くよう形式的に命ずること）しますが、その他の最高裁判事14名は内閣が任命し天皇が認証します。最高裁判所の裁判官は、識見の高い、法律の素養のある40歳以上で、少なくとも10人は、高等裁判所長官の職にあった者、あるいは10年以上判事の職にあった者、または高等裁判所長官・判事・簡易裁判所判事・検察官・弁護士・法律学の大学教授や准教授の職にあって通算20年以上の者でなければならないとされています（裁判所法41条）。

　下級裁判所には、高等裁判所（全国に８カ所・６支部）と地方裁判所（全国に50カ所・203支部）、簡易裁判所（全国に438カ所）、それに家庭裁判所（全国に50

カ所・203支部・77出張所）があります。それぞれに判事や判事補が必要ですが、3685人を振り分けても裁判官が常駐していない支部がまだ48カ所あるのだそうです（「世界」2010年7月号、宇都宮健児「市民のための第二次司法改革へ」参照）。これに対して、弁護士が地裁・家裁の支部203カ所に常駐していない地域は、2010年4月で解消されたとのことです。弁護士がひとりしかいない支部も5カ所に減ったそうです。

　3685人の裁判官を調べたかったら「裁判官検索」のサイトがありますので、ニュース等で有名な事件の裁判官の名前を入れて調べてみると意外な裁判所経歴があったりしておもしろいと思います（新日本法規出版のサイトe‐hoki：http://www.e-hoki.com/judge/index.html）。

　ここで、内閣でも出てきた「指名」「任命」「認証」を整理してみましょう。

　基本的には、指名（designate）は、特筆すべきものに印をつけるとか指し示すことですので、「責任や職務を行う者として選ぶこと」と言えます。また、任命（appoint）は、公的にassignすることですので、「重要な職務に付いた者を明示する」ことと言えます。認証（attestation of appointment）は、任命を証明（attestation）することですので、「公の場において公表や宣言する」ことと考えればいいでしょう。認証はさらに形式・儀礼的な公表ということなのでしょう。

指名／任命／認証

被・指名／任命／認証　者	指名	任命	認証
内閣総理大臣	国会 （67条1項）	天皇 （6条1項）	
国務大臣		内閣総理大臣 （68条1項）	天皇 （7条5号）
最高裁判所長官	内閣 （6条2項）	天皇 （6条2項）	
その他の最高裁判所の裁判官		内閣 （79条1項）	天皇 （裁39条3項）
下級裁判所の裁判官	最高裁判所 （80条1項）	内閣 （80条1項）	天皇（※） （裁40条2項）

※　高等裁判所長官のみ

200 第14章 司法権

　さてさて、話が司法行政の方によってしまいましたので、司法機関としての裁判所に戻しましょう。日本国憲法の条文をさらに確認してみましょう。

　統治機構の中で一番条文が多いのは三権のうちどれだと思いますか。答えは、国会です。

　三権のうち、**司法（裁判所）の条文**は、第76条〜第82条のたった**7条文**だけです。**行政（内閣）の条文**も第65条〜第75条の**11条文**であるのに対し、**立法（国会）の条文**は、第41条〜第64条の**24条文**もあります。ちなみに、**国民の権利及び義務の条文**は、第10条〜第40条の**31条文**です。また、**天皇**についての条文は、**8条文**、**財政の条文は9条文**で、**地方自治の条文はたった4条文**です。

　一概にはいえませんが、日本国憲法の条文数から見れば、やはり<u>国民の権利が最も重要で、その国民の代表者による立法行為の機関（国会）が統治機構として最重要である</u>ことを示しています。憲法の目的は「国民の権利保護」に尽きますので、当然と言えば当然です。

　ただ、司法（裁判所）の条文数が、天皇よりも少ないことや地方自治がたった4条であることは、憲法制定当時の関係者の考え方のイメージをよく表しています。形式だけでも天皇制は残しておくことに意味があることと、行政、司法にそれほどの期待をしていなかったということでしょうか。さらに、地方行政などは中央に従い、中央行政の真似事（ままごと？）をすればいいと考えていたのかもしれません。地方分権の現在では考えられない社会の認識レベルだったのでしょう。また、憲法が司法権に期待する「法の支配」と人権の確立についても十分に理解されていなかったように思います。

　特に、諸外国と比較すると、わが国の違憲審査制が積極的に活用されてきたとは言い難いという点にあります。最高裁が法律の条項を明確に違憲と判決をしたのは62年間でわずか7種8件（さらに、適用違憲は10種12件ある）しかありません。このような違憲審査制の在り方が、日本の政治実情、立法府や行政において憲法に対する緊張感をなくしているように思われます。言い換えれば、「少々のことでは裁判所に違憲と判断されることはないだろう」という誤った安心感が、民主的政治過程（立法や行政）の中にあり、裁判所もそうした雰囲

気を察し、そうした状態を憲法学者が「統治行為」や「違憲主張の適格」あるいは「憲法判断の回避」などの理論でまとめてしまうことが、さらに現実を厳しい状態にしていると考えられます。

では、実際の司法に関する条文です。

第76条【司法権、裁判所、特別裁判所の禁止、裁判官の独立】

　すべて司法権は、最高裁判所及び法律の定めるところにより設置する下級裁判所に属する。

　2　特別裁判所は、これを設置することができない。行政機関は、終審として裁判を行ふことができない。

　3　すべて裁判官は、その良心に従ひ独立してその職権を行ひ、この憲法及び法律にのみ拘束される。

第77条【裁判所の規則制定権】

　最高裁判所は、訴訟に関する手続、弁護士、裁判所の内部規律及び司法事務処理に関する事項について、規則を定める権限を有する。

　2　検察官は、最高裁判所の定める規則に従はなければならない。

　3　最高裁判所は、下級裁判所に関する規則を定める権限を、下級裁判所に委任することができる。

第79条【最高裁判所の裁判官、国民審査】

　最高裁判所は、その長たる裁判官及び法律の定める員数のその他の裁判官でこれを構成し、その長たる裁判官以外の裁判官は、内閣でこれを任命する。

　2　最高裁判所の裁判官の任命は、その任命後初めて行はれる衆議院議員総選挙の際国民の審査に付し、その後十年を経過した後初めて行はれる衆議院議員総選挙の際更に審査に付し、その後も同様とする。

　3　前項の場合において、投票者の多数が裁判官の罷免を可とするときは、その裁判官は、罷免される。

　4　審査に関する事項は、法律でこれを定める。

　5　最高裁判所の裁判官は、法律の定める年齢に達した時に退官する。

　6　最高裁判所の裁判官は、すべて定期に相当額の報酬を受ける。この報酬は、在任中、これを減額することができない。

第80条【下級裁判所の裁判官】

　下級裁判所の裁判官は、最高裁判所の指名した者の名簿によつて、内閣でこれ

202 第14章 司法権

を任命する。その裁判官は、任期を十年とし、再任されることができる。但し、法律の定める年齢に達した時には退官する。

2 下級裁判所の裁判官は、すべて定期に相当額の報酬を受ける。この報酬は、在任中、これを減額することができない。

第81条【法令審査権】

最高裁判所は、一切の法律、命令、規則又は処分が憲法に適合するかしないかを決定する権限を有する終審裁判所である。

第82条【裁判の公開】

裁判の対審及び判決は、公開法廷でこれを行ふ。

2 裁判所が、裁判官の全員一致で、公の秩序又は善良の風俗を害する虞があると決した場合には、対審は、公開しないでこれを行ふことができる。但し、政治犯罪、出版に関する犯罪又はこの憲法第三章で保障する国民の権利が問題となつてゐる事件の対審は、常にこれを公開しなければならない。

●判検交流と訴訟検事──三権分立とは名ばかり？

司法機関というと裁判所がすぐにイメージできますが、実際は日本の司法を担当するのは裁判所だけではないのです。裁判所と検察庁において、裁判官と検察官がそれぞれ一定期間出向し合って、検察官が裁判官に、裁判官が検察官になったりする「判検交流」という人事交流制度があります。この制度が始まったのは、第二次世界大戦終結間もないころだと言われています。当時の法務省には民事の専門家が不足していたので、人材を確保するために裁判所から一定期間出向するという形でレンタルされていたのが始まりのようです。最近では、毎年40人前後の裁判官が法務省の民事局や訴訟部門、さらに検察庁などに出向しているようです。また逆に、検察官が裁判官として裁判所に出向することもあります。

検察官が裁判官になることによって検察官の仕事を客観的にみることができるなど交流の利点を挙げ、その有用性について語られますが、実際は、裁判官と検察官の馴れ合いの弊害の方が大きいのではないかと批判されています。たとえば、法務省の訴訟検事として国の代理人を務めた裁判官出身者が裁判所に

戻って、国を相手取った賠償請求訴訟を担当するのは裁判の公正を損なうと日本弁護士連合会などから指摘されています。また、検察官と裁判官が密接になることによって捜査情報が漏洩しやすくなることも指摘されています。平成21年に法務省に対して行われた、鈴木宗男氏の質問主意書への回答では、「平成二十年に、裁判官の職にあった者から検察官に任命された者は五十六人、検察官の職にあった者から裁判官に任命された者は五十五人である」と答えています。また「弁護士の職にあった者からの裁判官及び検察官への任命は、裁判所法、検察庁法等に基づき行われている」との回答もなされていますので、判検交流だけでなく、法曹三者の間で、「判検弁交流」が行われていることがみえてきます。

　判検交流や訟務検事の制度も人権救済という面から見た場合、問題が多いと言えます。判検交流とは、裁判官と検事の人事交流のことですが、こうした人事交流が頻繁に行われれば、裁判官と検事の間に一種の仲間意識が生まれ、裁判官の独立性を損なうことになります。そして、そのことが、裁判官を社会的マイノリティである人々から遠ざけてしまうことになるのです。この弊害は、訟務検事の制度に端的に表れます。訟務検事とは、国と国民が裁判で争う際に、国側の代理人となる検事のことですが、この役割を判検交流で検事となった裁判官が担うことが多いのです。訟務検事となった裁判官は、国民と対峙して、国民の訴えを斥けることに努力します。そうした経験を経た裁判官が、再び裁判官としての職務に戻ったとき、国の人権侵害を訴える国民の声に虚心坦懐に耳を傾けることができるでしょうか。どうしても疑問が残ります。

② 司法の現実と判決の無責任

●「それでもボクはやってない」周防正行監督の表現したかったこと

　2007年1月に全国ロードショーとなった「それでもボクはやってない」は、司法、特に刑事司法の問題点を分かり易くあぶり出しているとてもおもしろい素材だと思います。憲法的タテマエ論とはかなりギャップの大きい刑事裁判の

現実を、司法を知らなかった人々に広くアピールできたことの意味は大きいでしょう。

この映画をアメリカで試写したら、冗談だと思われて失笑されたそうです。それほど非常識で恥ずかしい話なのでしょう。たとえば、アメリカの司法取引の問題点をアメリカ人が映画にし、日本で試写するとしたら、同じような馬鹿らしさと驚きが日本人の視聴者に沸き起こると思いますが、ちょうど同じようなものなのではないでしょうか。

さて、ご覧になっていない人もいるでしょうから、まず、あらすじから説明しましょう。

提供　アルタミラピクチャーズ

　　26歳のフリーターの男性、金子徹平は、面接試験を受けようと朝の電車に乗った。乗車率は200％と混雑しており、彼は駅員さんに押されて、やっと電車に乗った。しかし、上着がドアにはさまったばかりに女子中学生に痴漢と間違えられてしまう。下車すると女子中学生に腕をつかまれ、「話は事務室で聞くから」という駅員に同行するが、徹平の話はおろか、目撃者・市村美津子の証言にも耳を傾けようとはしない。彼は痴漢ではないと言うせっかくの目撃者の女性もそのままどこかへ。

　　駅事務室から警察に移されるが、運悪く徹夜明けで機嫌が悪い生活安全課・山田好二の取り調べはぞんざい。接見した当番弁護士の浜田明は"不当判決"に落ち込んでいて、示談をして早く出た方がいいと頼りにならない。泣き落とし役の和田精二刑事は「過失ということにしよう」などと水を向けるが、「ボクはやっていない」と否認を貫いた徹平は何と、思いもよらず担当の副検事によって起訴されてしまう。徹平はやってないと、一貫して否定するが、状況は悪い方へと一直線に進んでいく。勾留延長の末、保釈されたのは公判中の逮捕から3ヶ月後だった。

　　スリリングでスピーディに語られる公判場面を通じて、冒頭手続・証拠調べ手続・弁論手続へとテンポよく流れて行く。日本の刑事裁判の不可思議さをこれでもかと知ることになる。警察官・山田も駅員・平山も、公判では自分と検察に都合のいいウソをつく。証人として、観客には真犯人ではないかと疑われる太っちょのサラリーマン月田一郎まで登場し、矛盾した証言までする。事件当時、気が動転していて記憶があやふやだったと思われる被害女子中学生・古川俊子の証言

は二転三転するが、いたいけな中学生が思い切って訴えたことへの思いが専門家でさえ盲目的に信頼させてしまう。公判前半は「合理的な疑いを超える証明」がなければ有罪とできないという、ごく当たり前の考えを持った判事が徹平のえん罪をはらして行くかに見えるが、突然途中から「検察が起訴した事案は99.9％が有罪である」との暗黙の観念をもった有能な判事に交代する。判事は、公判での被疑者や証人の言葉を注意深く聞こうとせず、いわゆる調書裁判中心の人物として描かれる。その後は、弁護側が行った科学的な再現実験も、「そうでない状況の可能性も否定できない」と信じてもらえない。半年後に留学から帰った唯一の目撃者・市村美津子の証言も、「徹平が犯人でない証拠にはなりえない」と一蹴される。こうして弁護側の反証もむなしく、論告求刑そして判決へと淡々と進む。痴漢冤罪の被害者である徹平は、長いながい判決理由を聞きながら映画のラストへ。「それでもボクはやってない」と心の中でつぶやくのだった……。

　この映画は、よくある娯楽映画でもシリアスなサスペンス映画でもありません。特に悪者がいるわけでもなく、ごく普通のことが普通になされていく様子が淡々と描かれて行く。それがこのようなドラマになるのだから現実の中にじつに恐ろしい種が落ちていることに気づかされます。法廷での検察官の位置が従来のテレビや映画で見慣れている場合と逆（裁判官に向かって左側）であり、弁護人・被告人の位置関係も逆にしてあるのは、従来の法廷ドラマとは違うという監督の強い意思がうかがえますが、実際の法廷では特に左右の位置が決まっているわけではありません。

　司法の問題点を整理してみると、逮捕に至る経過と取り調べ、警察の留置施設の環境と規律、当番弁護士の対応、黙秘権の実態（黙秘することはマイナスの心証を与えることに他ならない）、被疑者ノートの意味、否認の難しさ（罪の自覚のない無反省な奴）、無罪推定（「合理的な疑いを超える証明」をするのは検察官、悪魔の証明）、「疑わしきは被告人の利益に」の原則の画餅、無罪を見出すことの勇気、無罪判決と裁判官・検察官の評価・転勤との関係、職権主義的な訴訟指揮、裁判官の検察官側寄りの補充質問、被害者の権利の意味（被害者の権利保護は、被告人の厳罰にあるのか）、人質司法と保釈の認定など、現在の刑事司法の問題点が集約されていて、見ているうちに思わず引き込まれて行きます。

この映画を見た知人弁護士の話ですが、かつて公判で悔しい思いをした時の裁判官の顔や人権感覚のかけらもないと思われる検察官の顔と出演者の顔とがだぶって見えたりしたと話してくれました。

映画のラストシーンでは、判決の言い渡しが終わり、被告人の顔がアップに……。そして冷静で、無表情な裁判官の顔のアップに変わります。「真実を知っているのは私だ。だから結局は有罪判決を出した裁判官自身が裁かれたのだ」と独白があります。そして、石の砦（それはまるでカフカの『法の前』の逸話の）である最高裁判所の建物の映像に移り、自分が裁かれたいと思う方法で裁判されることを望むという主旨のテロップが流れます。監督は、最後のこのメッセージを通して、その後始まる（封切は2007年でしたので）裁判員制度によって、市民が積極的に参加して今の司法を変えていくことの必要性を込めたのではないでしょうか。

周防監督は、朝日新聞2009年7月1日付け朝刊の「オピニオン」欄で「対談 裁判を変える」の中で次のように語っています。

「職業裁判官による裁判がちゃんと機能しているのなら、何で素人の自分たちがかかわらなければいけないんだ、というのが多くの人の素直な思いです。しかし、職業裁判官であるがゆえに間違えてきてしまったこともあるんだ、と。そういう共通認識がないと、一般市民が刑事裁判に参加する意味はわからないですよ。……かつて冤罪についてベストを尽くしたけれど、人間のやることだからどこかで致し方のない間違いが起きたのだろう、と思っていた。ところが実際は、えっ、こんなのシステムの問題じゃないのとか、これでベストを尽くしたといえるのか、というようなところで冤罪が起きている……。」

もはや専門家が専門家然としていられる時代ではないのでしょう。私たちも司法は誰のためにあるのか、何を守るためにあるのかを今一度考えてみる必要があるのではないでしょうか。

第15章 地方自治

『吉里吉里人』にみる地方と中央

① 地方自治は民主主義の学校？

　歴史的に見てみますと、国家という大きな体制が初めからあったわけではありません。人々は、家族や親族といった血縁的集団や地縁的集団のように、限られた狭い地域の中で自主的にルールを定めて身近な問題を解決して行くということから自治が始まったと考えられます。その後、地域経済の中心地として、また交易の拠点・中継地として都市が成長してくるようになると、その都市の職能集団や組合といった一定の財源を持った組織と政治的手腕をもった人物が手を結んで、自治都市なるものを運営して行くことにもなったでしょう。中世ヨーロッパのドイツやイタリアに見られる自由都市なども大きな意味での自治都市と呼んでいいかと思います。日本では、戦国から江戸にかけての博多や堺、今井町などが有名です。

　今井町はもともと興福寺領でしたが、一向宗の布教拠点として顕如上人から寺号を得て寺内町を形成しました。その後、環濠城塞都市化して織田信長軍と闘い、武装を放棄しましたが、信長から「万事大坂同然」とし特権を許されて商工業を盛んにし自治都市として発展し「今井千軒」・「海の堺、陸の今井」と言われるまでになりました。17世紀後半、5代将軍徳川綱吉の頃に、今井にも代官が置かれ、幕府領として支配されることになりましたが、1000軒もの家を有する今井町は他の農村とはまるで規模が違い、肥料・木綿・味噌・醤油・酒・材木などの取引も盛んなうえ、大名相手の金融業も活躍し、藩札と同じ価値のある独自紙幣「今井札」も流通したほどでした。この財力は幕府にとって

も大きな魅力であったので他とは違う支配体制で優遇したと言われています。こうした例から、自治の基盤はやはり財力ということがいえるでしょう。財政再建団体（赤字額が標準財政規模の５％（都道府県）または20％（市町村）を超えて破たん状態と化し、総務大臣に申請をして認められた地方自治体のこと）として2007年認められた北海道夕張市がある一方で、地方交付税をまったく受け取っていない東京都のように、比較してみると、首長のもの言いが強いかどうかに反映されて行くことが分かるでしょう。

　さて、では地方自治の根拠法（日本国憲法の他、具体的には地方自治法、地方公務員法、地方行政法、地方税法など）といえる日本国憲法の制定過程から見てみることにしましょう。

　まず、松本私案にも、近衛草案にも、また民間の憲法草案にも地方自治の章を置くことは考えられていませんでした。日本の草案で唯一憲法に自治の章を置くことを考えていたのは、佐々木惣一（当時京都大学教授）の案だけだったようです。

　いっぽう、1946年２月13日に日本側に手渡された GHQ 案には、３つの条文から成る "Local Government" という章が置かれていました。ですから、現行憲法の「地方自治」の起源は、この GHQ 案にあると言えるでしょう。GHQ 案にローカルガバメントの章が置かれた理由は、以下の２つのことが言えるでしょう。

（１）　アメリカの占領政策が、日本の非軍事化と民主化とを基本としていたこと。民意を反映する政治システムに変えることこそ日本が再び軍国主義化しない保障になると考え、その民主化の一環として分権化ということが置かれていたのです。

（２）　総司令部内に、憲法に分権化に関する規定を置くことを重視した人物がいたこと。ラウエル（総司令部民政局）は「憲法についての準備的覚書」（45年12月）の「地方に責任を分与すること」という附属文書で、憲法が改正される際には、都道府県および市町村に一定の範囲内で地方自治を認める規定を置くべきであると主張していました。

GHQ 民政局草案に置かれた "Local Government" の章は、①知事、市町村長、議員、それに主要職員を直接に公選する規定、②大都市、市、町の住民に憲章制定権など自治権を認める規定、③特定の地方に対する特別法を国会が制定することに対して住民投票を行うという規定を置いていました。

そして、総司令部草案が日本側に提示された後、1946年3月4日から5日にかけて日本側と折衝を重ねていく過程で以下のような4つの修正が加えられました。

（1）　日本側はその後の折衝でいろいろと条文の修正の要求を行うが、「Local Government」という新しい章に対して、とりわけ違和感を持っていなかった。

（2）　日本側の対応の背後には、明治憲法下での日本の地方自治の経験との連続性が意識されていた。たとえば、まず第8章の英文の表題を「Local Government（地方政治）」から「Local Self-Government（地方自治）」に改めることを求めたこと。また、この章の頭に総則的な条文を追加することを提案したこと。（これは後に現行憲法第92条となるが、起草者である佐藤達夫氏によると、「地方自治の本旨」市制町村制の上諭（明治21年）などを参考に、地方自治の基本精神を的確に表す方法はないものかと思案した結果、「地方自治の本旨」ということになったと述べている。）

（3）　府県、市、町という地方団体の種類が書き分けてあったのを、「地方公共団体」と一括した表現に改められた。

（4）　総司令部側が重視していた長の直接公選について、日本側は修正のための折衝を行ったが、修正要求は認められなかった。

その結果、憲法改正草案要綱（3月6日）で、ほぼ現在の形での「地方自治」の章はでき上がり、その後も直接公選をめぐる再折衝を行ったり、英文の修正、整理を行いましたが、帝国議会でもほとんど修正はなく、現在の憲法第8章ができたのです。

210　　第15章　地方自治

地方自治の本旨

区　分	定　　　義	摘　　　要
団体自治	一定の地域を基礎とする国から独立した団体（自治体等）を設け、この団体の権限と責任において地域の行政を処理する原則のこと	憲法と地方自治法は、都道府県や市町村の設置を認めるとともに、これらに法律の範囲内での条例制定権をはじめとする事務処理権能を認めており、団体自治の原則を具体化している。
住民自治	地方における行政を行う場合にその地方の住民の意思と責任に基づいて処理するとする原則のこと	憲法は、自治体の長及び議会の議員の直接公選制を定め、さらに地方自治法は、種々の住民の直接請求、住民投票、住民訴訟等を定めて、住民自治の原則を具体化している。

（出典：定義の部分：「法律用語辞典（第２版）」有斐閣、2000年）

　「Local Government（地方政治）」と「Local Self-Government（地方自治）」が、どれほどの違いがあるのかは難しいところですが、地方自治体に政治を任せることへの違和感のいっぽうで、地方が独自の自治（政治ではなく）を行うことへの期待感が表れていると言えましょう。現実に、アメリカ合衆国の各州の政治のように立法・行政・司法それぞれが州に任されている連邦制とは異なり、日本では地方政治と言っても、首長（行政）と地方議会（立法）のみで、司法がありません。実際には、犯罪やトラブルは地域ごとに違った問題があって、その地域独自の解決方法があるはずですので、司法の地方分権もある程度考えに入れる必要があるでしょう。少年非行に対する家庭裁判所のかかわりや、児童虐待に対する児童相談所の対応などには限界がありますので、自治体ごとの独自の取り組みがあってしかるべきでしょう。もちろん、子どもは、福祉・教育的指導を受けた後も元の地域社会に戻ることが多いわけですから、自治体が主体になった行政・司法判断ができる方が機能的とも言えましょう。戦後間もなくの地方自治の重要性と現在では、比較にならないほどの重みが加わったと考えるのが正当でしょう。

　一般的に、地方自治は民主主義の学校と言われ、地域に密着した場における民主政治の格好の練習の場であると考えられてきました。まず、民主政治は、身近な地域の共同体で行うべきであって、しっかり練習してから市町村議会議員→県議会議員→国会議員（市町村長→都道府県知事→大臣）となって民主政治

を行うべきだといえばわかりやすいでしょう。しかし、最近の政治家は2世3世議員が幅を利かせ、地元で鍛え上げられてきた議員は少ないようです。また、国会議員の中から知事に変身する人もいて、それだけ地方政治も重要度が増してきたという証拠でもあるのかもしれません。

　ただ、元高知県知事の橋本大二郎氏は、在職中よく「地方の限界」という認識を持って、「現在の憲法には、地方自治について明確な規定がないので国と戦えない」という思いを語っていました。「憲法上の規定がない」ということについて橋本元知事は、「憲法上、何の位置づけもない中では賽の河原の石積、何年たっても変わらない」と、現行憲法上での地方自治の前進に極めて悲観的な見方を示していました。

　しかし、憲法には、国と地方の役割について本当に何の規定もないのでしょうか。日本国憲法には「第8章地方自治」という項目が立てられ、92条で「地方公共団体の組織及び運営に関する事項は、地方自治の本旨に基いて法律でこれを定める」と規定していますので、今日の「地方切り捨て」は、憲法に明文上あれこれが不足しているから生じているわけではなく、現行憲法が定めている「地方自治の本旨」を政府が遵守していないことが最大の問題だと思います。地方自治の本旨といわれる「住民自治」と「団体自治」を今一度とらえ直す必要があるでしょう。

②　井上ひさし『吉里吉里人』と一寒村の地方分権への挑戦

　地方が国の政治のやり方に不満を持った場合、自治を盾に政府にたてつくことはできるのでしょうか。この問題をテーマに書かれた小説があります。井上ひさし『吉里吉里人』という800ページ以上もある分厚い本です。

　東北の一地方、岩手県内にある人口4187人の小さな町が、100％の食料自給率と世界最高水準の医療技術などを背景に、独立を宣言するという奇想天外な物語です。1983年に刊行された井上ひさし氏の『吉里吉里人』（新潮社）には、地方分権、国家論、憲法論、国防論、言語文化論、農業問題、医療問題など豊

富な知識と様々な問題提起があり、ただ面白いだけでなく、国とは何か、自治とは何か、言語とは何かを考えさせられる著者の広い視野と独自の視点を含んでいます。

著者の言葉に対する造詣の深さに加えて、中央集権に対するアンチテーゼとしての地方自治、地方のあり方や地方文化の捉え方など、軽妙洒脱な語り口の裏側に文明批判、文化批評などが濃密にちりばめられた読み応えのある作品となっています。ところどころ、猥雑な表現や洒脱な言い回しが出てきますが、国家論

井上ひさし『吉里吉里人』
新潮社

（政治論）、言語論、文学論、医学論（内容に誤りがあるところもありますが……。）など、様々なアイディアがこれでもかこれでもかと惜し気もなく投入され、著者の博学さが際立っています。しかも、難しいことを述べるにしても、気さくな登場人物たちがくだけた調子で語っているため、いやみなところがないのがいいです。この作品を読めば、読者は楽しみながら、少数民族の独立問題、方言の問題、医学の問題などを考えるきっかけになることでしょう。

さて、ではあらすじを紹介しましょう。

ある日、三文小説家の古橋は編集者の佐藤をともない、奥州藤原氏が隠したとされる黄金に詳しい人物を取材するために、夜行急行列車『十和田３号』に乗車します。ところが、一ノ関近くで列車は銃を持った少年達によって緊急停車させられます。彼らは吉里吉里人を名乗り、公用語「吉里吉里語」を使い、「あんだ旅券ば持って居だが」と旅券を見せろと迫り、独立国に不法侵入したとして古橋らを拘束します。半信半疑ながらも、とりあえず入国管理所に連れて行かれる古橋ら800余名の乗客たち。同じ国内を旅行するのに旅券が必要だったかしら、と思っていると、実は、この日午後６時、東北の一寒村、吉里吉里村は突如日本からの分離独立を宣言したことを明かされるのでした。通貨単位を「イエン」に改め、タックス・ヘイブンの国家なのでありました。「♪吉里吉里人はァ静がで……」という国歌もあります。

「吉里吉里国」の独立に日本国政府は仰天、自衛隊が出動し、国民の眼はテレビ

に釘付けとなります。防衛同好会が陸と空から不法侵入者を監視し、木炭バスを改造した「国会議事堂車」が国内を巡回します。人々は吉里吉里語を話し、経済は金本位制に移行して完全な自給自足体制をとり始めます。古橋は、外界から完全に隔絶されたこの村についてルポタージュを書けば一躍有名になれると考え、取材も兼ねていろいろ調べ始めます。だが、やがて独立騒動には無関係であった古橋がとんでもない事態に巻き込まれていくのです。たとえば、古橋は双頭の犬を見、ナイチンゲール記章を3つ持つ看護婦に会い、労働銭という概念を知り、冷凍人間技術に出会い、吉里吉里文学大賞を受賞し、化粧をすることになり、さらに大統領になってしまう。独立を認めない日本国政府は、自衛隊を総動員してこれを阻止します。政府の妨害に対しては、次々と奇想天外な切札を駆使して難局を切り抜けていくことに……。

　人口4187人の東北の一寒村だと思って舐めている日本政府は、翻弄されていきます。吉里吉里国は独立のためにあらゆる準備をしていて、日本政府に対して山ほどの切り札を持っています。また、ストーリーに直接は関係のない脱線もオンパレードです。突然ズーズー弁講座が始まったり、古橋の過去の回想が始まったりと、奇想天外のストーリー展開です。

　独立2日目、吉里吉里国の通貨「イエン」のレートは日本円に対して刻々上昇、タックス・ヘイブンを採用したこともあって、世界中の大企業が進出し経済大国に……。いっぽうマネーロンダリングを狙って、マフィアや犯罪組織も国外から侵入し、街には殺し屋や刑事らも徘徊し始め、ついに初の犠牲者が出ることに……。日本の自衛隊も吉里吉里国最大の切り札である4万トンの金を奪おうと乗り出す始末……。独立を粉砕するために陸上自衛隊を出動させ、移住民に紛れ込んだアメリカのグリーンベレーは要人の暗殺を始めます。移住民第1号である古橋は、やがて2代目大統領の職を継ぐことになるのですが、大統領就任式に臨んだ古橋は失言し、国策の切り札をばらしてしまい、吉里吉里国はあえなく崩壊をしてしまいます。（新潮社『吉里吉里人』1983年より著者が概要を要約）

この『吉里吉里人』は、SF小説として評価され大賞をもらっています。実は荒唐無稽な作り話ではなく、戦後、同様の事件が起きていたのです。終戦後の食糧難の時代に「司王国」と呼ばれた疑似国家が存在したのです。

　終戦直後の食糧難の時期には「司王国」という擬似国家が存在した。米どころである山形県の庄内平野のほぼ全域を「領土」とするこの王国は、警察の取締ま

214　第15章　地方自治

りに対抗して東京に住む人々を飢餓から救うという「国是」を掲げ（当時は戦時中
より徹底した食糧統制が続いており、配給以外のルートで流通するヤミ米は官憲によって
厳しく取締まられていた）、三島の鉄道教習所に通っていた「皇帝」（庄内は「皇帝」
の父親の郷里だった）ら28人の若者たちにより建国された。彼らの活動は具体的に
は、組織力を駆使して庄内から米を東京まで列車で送り届けるというもので、符
牒としてアルファベットを絵文字化した「ツカサ文字」を考案したり、1万円を
1ポンド、1円を1ペソなどといった具合に特殊な金銭の単位を用いたり、さら
には元号や西暦を否定し、原爆が投下された1945年を紀元とする「原子暦」を制
定するなど（この暦では1945年は「原子元年」と定められ、それ以前はB・A／ビフ
ォーアトミックボン、以後はA・A／アフター・アトミックボンX年と称された）遊び
心に満ちた活動だったようです（児玉隆也『この30年の日本人』新潮社、1983年）。

　司王国の実態はよくわかりませんが、偶然とはいえ同じ山形県出身の井上ひ
さし氏ですから、この王国のことをどこかで知り得ていたのだと思われます。
ただし、現在、日本のどこかの自治体が独立を果たそうとしても、おそらく刑
法の内乱罪に当たるので、認められることはないと思われます。現在では、
「地方独立行政法人法」が平成15年に制定され、「……地方公共団体が自ら主体
となって直接に実施する必要のないもののうち、民間の主体にゆだねた場合に
は必ずしも実施されないおそれがあるものと地方公共団体が認めるものを効率
的かつ効果的に行わせることを目的として……地方公共団体が設立する法人」
が認められています。今のところ公立大学法人くらいでしょうか、それにして
も自治体が独立することとはまったく異なります。このたびの米軍基地移転問
題で沖縄の住民の怒りが頂点に達し、以前からあった独立論も再燃しているよ
うです。

刑法第77条（内乱罪）　国の統治機構を破壊し、又はその領土において国権を排除して
権力を行使し、その他憲法の定める統治の基本秩序を壊乱することを目的として暴動を
した者は、内乱の罪とし、次の区別に従って処断する。
　1．首謀者は、死刑又は無期禁錮に処する。
　2．謀議に参与し、又は群衆を指揮した者は無期又は3年以上の禁錮に処し、その他
　　諸般の職務に従事した者は1年以上10年以下の禁錮に処する。

3．付和随行し、その他単に暴動に参加した者は、3年以下の禁錮に処する。
2　前項の罪の未遂は、罰する。ただし、同項第3号に規定する者については、この限りでない。

　さて、井上ひさしは『吉里吉里人』の中で、自らの憲法に対する考えも表しています。その後、同級生であった憲法学者樋口陽一とともに共著として出版された『「日本国憲法」を読み直す』（講談社［講談社文庫］、1997年）もありますので、大いに日本国憲法に関心があったようです。
　『吉里吉里人』では、沼袋老人に憲法9条を讃えた言葉を言わせています。

　「……吉里吉里国民は、はァ、正義と秩序ば基調ど為る国際平和ば誠実に希求す、国権の発動たる戦争ど、武力さ依っかがった威嚇又ァ武力の行使は、はァ、国際紛争を解決する手段とすては、永遠にこれば放棄すっと。この目的ば達すっため、陸海空軍、その他の戦力は、はァ、保持しない。国の交戦権は、はァ認めねえ。……中略……美しいのう。子守唄の様に優しいのう。まるでお天道様だ、公明正大で、よう。そすてがらに、まんつまんつ雄々しいのう。力強い言葉だのう。皆の衆も知っての通り、俺達、吉里吉里人は、この条文ば日本国憲法がら盗んだんだっちゃ。この条文さ、惚れで惚れで、惚れ抜いで、そんでそっくり掻っ払って来たんだっちゃ」（『吉里吉里人』新潮文庫、上巻、470─471ページ）

　この文章は、井上ひさし氏がかなり強い護憲派であったことを物語っています。
　国家として独立するための条件としては、農業（食料）、エネルギー、鉱物資源、圧倒的な医療知識（科学を代表するもの）、そして経済力と軍事力。いったい、それで本当にユートピアが可能になるのでしょうか。今から思うと27年前によくここまで考えていたと感心します。20世紀的な価値観が変容していくであろうことを見据え、代わりとなるものは何かと問いかけてみて、新しい価値観を築くにはどうするか、新たにそれを創造できないのなら、過去にモデルを求めるしかないのかと考えたのでしょう。農業中心の社会は、100年前の日本まではそうだった。しかし、21世紀の世の中が農業だけでやっていけるはずがない。科学、経済、国際化といった状況の中で、どう折り合いをつけていく

216　第15章　地方自治

のか、そう井上ひさしは考えたのでしょう。

　自治を考えると、ふと思い出すのがオウムの事件です。オウムは山梨県のある地域に自分たちだけの王国を築こうとしていました（これも自治と言えます）。科学技術省やら防衛庁やらといった国家を模した組織をつくり、敷地内のサティアンという建物の中でサリンを製造し、周囲や地下鉄にばら蒔いたのでした。そういう意味では、この小説は、ある意味でオウムの出現を予見していたとも言えます。今から15年ほど前、95年に発生したオウム事件。この小説発表からすると15年後の話になります。あの時点ですでに20世紀的価値観の揺らぎは決定的なものになっていたと言えます。20世紀的価値観が存続しえないというところから出発しているのは、オウムも吉里吉里国も同じです。オウムにしても自分たちのユートピアを建設しようという意欲に満ちあふれていました。これは、20世紀に疎外された者たちが、間違った宗教のもとに暴走するとオウムのようになるといういい例でしょう。ですから20世紀に疎外された多くの農村だって反乱を起こしてしかるべきだったのかもしれません。しかし多くは補助金などで毒牙を抜かれ、懐柔され、消滅していったのです。そういえば、吉里吉里国には宗教の話は出てきません。そのへんが井上ひさしらしさと言えるでしょう。

　吉里吉里国が日本に突き付けたアンチテーゼは、結局日本が抱える病巣へと向かわせることになりました。食料自給率100％の農業政策は、やがて工業製品を輸出して食糧を輸入する政策へ。貿易を優先させんがために農家に減反を迫り、あげくの果てに食糧自給率は40％を下回ってしまう。また、医学分野では、ホームナース制を採用し、軽い病気であれば家庭で治せるように教育をし、ホームナースが重症だと判断すれば病院に連れて行かれるようになります。こうすることで重症患者が優先的に医者に掛かることができるようになるのです。また医師の採用についても、日本の法律では、大学を出ていなければ医師国家試験を受ける資格はありませんが、吉里吉里国では、何らかの形で医療技術を独立で身につけた者（戦場での衛生兵など）にも門戸を開いています。吉里吉里国では、あのブラックジャックもちゃんと医師免許を取得できることでしょ

う。吉里吉里国の医療技術は世界から30年は進んでいると言われ、冷凍睡眠技術、各種移植技術をはじめ、犬と猫を融合させる手術や、タヌキとトマトを融合させるバイオ技術なんてのもあるくらいです。吉里吉里国では、ガンの薬、風邪薬、毛生え薬なんかの開発にも取り組んでいて、この高い医療水準も切り札の一つになっています。まさに、現代日本が進もうとしている方向です。

しかし、看護婦から事務作業や医師・病院の使い走り仕事を分離し、看護に専念させ賃金を上げることにより、若い優秀な人材が集中はしますが、家族に一人看護士を義務付けたため、風邪程度の病気で世界的名病院の外来を望む金持ちが現れ、アメリカのように高度な医療費と高い医療技術が一部への提供に集中します。医療も農政も経済も、そしてタックス・ヘイブンも破綻をきたします。

小説の終わりぎりぎりまで、楽天的なムードで進行するため、この独立の試みはうまく行くのではないかと期待させられます。しかし、「厄病神」の古橋のせいで、事件はあまりにもあっけない破局を迎えてしまいます。最後の記録係の語りは、幕が引かれた後の独白として、非常に効果的な「落ち」となっています。喜劇が一転して悲劇に変わり、今の今までかたずを呑んで舞台での惨劇に見入っていた読者は、視点が古橋から記録係（ナレーター）に移ると共に、記録係とともにこれまでの出来事全体を俯瞰できる高みへすっと引き上げられます。そこで記録係の感想が述べられ、記録係が退場してすべてが終わります。なかなかクールな幕引きです。SF、パロディ、ブラックユーモア、コミック仕立て……小説のあらゆる面白さ、言葉の魅力を満載した記念碑的物語と言えましょう。

③ 自治には何が必要か

前節で見てきた物語は、作家の魅力的な表現によって多くの読者を魅了し、これをきっかけに多くのパロディ独立国が誕生しました。多くの市町村が村おこしのきっかけとして「〇〇王国」を作りました。しかし、現実は、夕張市の

218 第15章 地方自治

ように財政再建団体となって、国の指導の下で赤字解消の努力を続けている自治体もあるのです。また、いっぽうで、周辺町村が合併を行い、国の財政支援の下でより大きな団体として効率的な行政を行おうと意気込みはしますが、元の地域共同体の思惑が複雑に絡み、同じ自治体の中でもサービスが向上したところと酷く低下したところが出てきて、格差が広がったとの話もよく聞きます。

　日本国憲法が予定した地方自治とは、一体何だったのか、民主的な自治には何が必要なのかをまとめておきたいと思います。

- ●地方自治権は国民主権ないし民主主義の根幹を支える制度であって、憲法改正によってもその存在を否定できない
- ●一人ひとりの住民の気持ちを行政という場で具現化する仕組みを制度的に保障することが「地方自治の本旨」
- ●地方主権の時代において、地方自治体の権限を明確に憲法上規定するべき
- ●下位の法律や運用（地方自治法／地方行政法／地方公務員法／地方議会法の新設など）を憲法の精神に基づいてどう改善するか（自主財政権、自主立法権、自主行政権が十分発揮できていないいっぽうで、長の専決処分が認められている）

●現在、市町村合併が進められている理由

　現在、市町村合併が積極的に進められています。その理由の第一は、非常に厳しい財政事情によるものです。将来にわたって行政サービスの水準をできる限り維持していくためには、市町村が行財政の能力を身につけていく必要があるでしょう。特に、戦後の高度成長期を経て、生活圏、行動圏を著しく拡大したことに対応するためには、それに適した形での市町村のあり方を検討すべきであり、現在の市町村、特に小規模な市町村は、規模の観点から非常に難しいのではないでしょうか。

　第二に、合併に伴う財政的な優遇措置が市町村合併特例法で定められ、その期限が平成17（2005）年3月で切れましたが、時限法として平成17年4月1日から平成22年3月31日まで5年間延びたことによります。現在は、新・合併特例法の改正法が施行されています。

　結局は、財政面で余裕のある自治体は、国に対する強気の発言を行えるし、

③ 自治には何が必要か　219

行政を行うことができるということに尽きます。以下の自主財源の割合ランキングや地方交付税割合ランキングを見れば、知事の主張だけでなく、独自の行政が行われているかがよくわかるでしょう。

自主財源の割合　ランキング

1位	東京都	87.6%
2位	愛知県	69.8%
3位	大阪府	67.5%
4位	神奈川県	65.0%
5位	兵庫県	62.3%
6位	千葉県	57.3%
7位	栃木県	57.1%
8位	群馬県	55.6%
9位	静岡県	55.3%
10位	埼玉県	55.0%

38位	和歌山県	35.3%
39位	奈良県	34.5%
40位	鳥取県	34.1%
41位	佐賀県	33.6%
42位	島根県	32.6%
43位	宮崎県	32.5%
44位	長崎県	30.0%
45位	沖縄県	28.3%
46位	鹿児島県	27.1%
47位	高知県	26.6%

総務省統計局『社会・人口統計体系』（2008）調べ

地方交付税割合　ランキング

1位	高知県	37.05%
2位	鹿児島県	34.09%
3位	長崎県	33.87%
4位	鳥取県	33.50%
5位	岩手県	33.35%
6位	島根県	32.82%
7位	佐賀県	32.67%
8位	沖縄県	32.47%
9位	和歌山県	31.94%
10位	青森県	31.54%

38位	茨城県	18.57%
39位	栃木県	17.05%
40位	埼玉県	15.75%
41位	静岡県	15.27%
42位	千葉県	14.97%
43位	兵庫県	14.46%
44位	大阪府	10.61%
45位	神奈川県	7.11%
46位	愛知県	4.20%
47位	東京都	0.00%

総務省統計局『社会・人口統計体系』（2008）調べ

あとがき

　法務省を中心に「法教育研究会」を立ち上げたのは平成15年のことでした。これと併行して、司法制度改革が進められ、裁判員制度、総合法律支援に関する法律などが続々と成立・施行されてきました。研究会は、「新たな時代の自由かつ公正な社会の担い手をはぐくむために」法教育の必要性を説いてきました。国民と司法の距離を近づけるために必要なものとの認識もありました。その後、研究会は2年後の平成17年に法教育推進協議会となり、実践の報告や今後の推進に関して多角的に検討しています。しかし、平成23年度より始まることになっている「法教育」なのに、なぜか法務省主導で行われてきたかが不思議、指導要領には文科省の意図がまったく見えない点も実に不思議です。

　法教育とは、子どもたち（教員も含め）の専門知識のなさを批判し、専門的な原理原則を説くことではありません。むしろ、子どもたちの素朴な疑問を契機として、現実と法や政治のタテマエとのギャップを問題にし、考えることなのです。無罪の推定は重要であり、それにもかかわらず警察や検察、さらに裁判所までも、実は逮捕され起訴された者が犯人である疑いが強いことを前提に対応しています。逮捕された人が犯人ではないかもしれないことを前提に取り調べや裁判を行うわけにはいかない理由があるからです。だからこそ、本当にやっていない人は、（犯行事実を知らないので）黙秘せざるを得ないのに、黙秘することは何かを隠している（本当のことを言わない）ことと受け取られ、当然疑いが強まるという効果を生み出します。無実の人が否認したり、黙秘したりすればするほど疑いは増すばかりという構造になっているのです。

　模擬裁判の授業をやると、小学生はこうしたホンネをちゃんと見抜きます。家庭や学校で「言いわけや嘘をつくのはよくない。黙っているのはやった証拠」などと教えられているのに、刑事司法だけは「黙秘権」「無罪の推定」「疑わしきは罰せず」が原則なのは変だと気が付きます。現実は本当にそうなっているのだろうかと疑問に思います。すると、専門家は憲法の適正手続きや黙秘

権などの規定を引き合いに出し、素人はこれだから困るなどと安易に無知の軽口と非難し、原則を教え込もうとします。これでは、法教育の意味がありません。法知識を覚えるのではなく、その法の目的と主旨を考え、想像力を持って現実の矛盾や紛争をどう解決すればいいのか、よりよい社会を築けるのか、そうした視点でとらえる必要があります。法教育＝法的想像力を養うことなのです。

　日本では、すべての法律の中で最も馴染みのある法律が憲法です。刑法や民法と違って、必ず学校で学習しますし、その条文は現代国語の力さえあれば十分に理解することができるからです。ところが、すべての国民に共有して欲しい法律であるということが、かえって試験（学校や公務員試験）のための暗記という弊害を生み出してしまったようです。暗記学習は、法的想像力とは無縁の勉強です。憲法は何のために、誰に対して、何を保障するものなのかといった理念だけでなく、法と矛盾した現状をどう解決して行くのかといった事実問題としての憲法を考えるチャンスを奪ってしまいます。「憲法を考えるおもしろさ（文学・音楽・映像の中にみられる憲法的素材）」を通して、気軽に「生れながらの権利などあるのか？」「国家と個人はどっちが大切？」「公共性（向社会性）と個人の尊重のプライオリティ」「プライバシーと知る権利の行方」などを素朴にとらえ直してみてはどうでしょう。

　憲法は制定された時代の産物であり、その時代を映す鏡でもあると言えます。したがって、他の法律に比べ、制定の歴史を考察する必要が不可欠となります。また、制定後の社会の変化に伴い、解釈が変遷したり、内容が無意味なものになったり、逆に必要なものが規定されていないことがわかったりすることもあります。日本国憲法を不磨の大典として蝕することも許さないのは、戦前の明治憲法と同じ扱いと言えます。日本人は、周囲と同じであれば、少々不満があっても我慢しますし、元のルールを変えないで柔軟に対応することが大変上手です。さすがに、60年以上経ちますと「法の世界遺産」かもしれませんが、無理も出てきます。「私たちの社会や生活にあった憲法とは何か」を考えてみるのもおもしろいでしょう。

本書は、条文の整理と暗記のためのテキストではありませんから、読み終えた時に、基本的人権の分類や国会の種類が言えるといった効果は期待できません。けれども、なぜ人権が大切なのか、統治機構それぞれの仕事を規定することに何の意味があるのかといった「考える憲法」「憲法の想像力」を養うことで、「人生に生かせる憲法」として十分役に立つものと自負しています。

　『法学のおもしろさ』に続き本書を世に出せたのも、北樹出版編集部スタッフの粘り強い支援のおかげです。特に本書の構成や転載許可などできめ細かな配慮をしていただいた編集部の古屋幾子さんに心から感謝したいと思います。

　　2010年12月吉日

山　本　　　聡

223

憲法改正山本草案

前文

　日本国民は、選挙によって選出した国会議員を通じて国政に働きかけをする。いずれの国の憲法も、主権が国民にあることを宣言し、人権は侵すことのできない永久の権利であることを互いに理解することが前提となっている。しかし、このことを忘れ、現在及び将来の子どもたちのために、日本の豊かな環境や文化を活用し、公平公正の原則の下に自由な発想と想像力を忘れることなく世界の人々と協働し合う工夫を行わなければ、再び戦争という悲惨な出来事が起きることは自明だろう。選ばれた政治家による国政は、主権者である国民の強い信託があってこその権限であることを忘れることなく、政治家や行政官がこの権限を行使したことで生まれる福利は国民の下に還元されるべきである。わが国の憲法もこうした人類普遍の政治法則によるものであり、この法則を実現するため、この法則に反する一切の憲法、法令及び詔勅を排除する。

　日本国民は、先の戦争への反省の下、あらゆる戦争の原因が平和のための戦争であり、正義のために戦うという理由で生起することを知っている。しかも、自国を守るための戦い、不正を撲滅する戦いは戦争ではないという理論は、結果として諸国の国民ばかりか、主権者である日本の国民の生存権を侵害することになる現実を忘れてはならない。国際社会は正義と秩序を基調とする厳格・厳正な社会を目指すものであっても、いずれの国家も自国のことのみに専念して他国を無視してはならないのであって、なによりも平和を維持し、専制と隷従、圧迫と偏狭が地上から永遠になくなること、全世界の国民が、恐怖と欠乏からまぬがれ、平和のうちに生存する権利を有することを念願するものである。

　これは、自国の主権を維持し、他国と対等関係に立とうとする各国の責務であると信ずる。日本国民は、一人一人が自覚を持ってこの崇高な理想と目的を達成することを誓う。

第1章　国民主権

第一条：主権者は国民である。象徴天皇という地位は国民の寛容と誠実な心によって認められている。

第二条：皇室は日本の伝統と皇室典範の定めによって特別に世襲とされ、継承するものである。

第三条：日本国民は、国旗及び国家を尊重する。しかし、我々は国旗への冒瀆行為を罰することで国旗を聖化するものではない。

第四条：元号は日本固有の伝統的年号であり、皇位継承時に法律に基づき制定する。

第五条：天皇は憲法の定める国事に関する行為のみを行い、国政に関与できない。

第六条：天皇は国民のために、国会の指名に基づいて内閣総理大臣を任命し、内閣の指名に基づいて最高裁判所の長である裁判官を任命する。

224

第七条：天皇は、内閣の助言と承認により、国民のために、左の国事に関する行為を行う。

- 一　憲法改正、法律、政令及び条約を公布すること。
- 二　国会を召集すること。
- 三　衆議院を解散すること。
- 四　国会議員の総選挙の施行を公示すること。
- 五　国務大臣及び法律の定めるその他の官吏の任免並びに全権委任状及び大使及び公使の信任状を認証すること。
- 六　大赦、特赦、減刑、刑の執行の免除及び復権を認証すること。
- 七　栄典を授与すること。
- 八　批准書　及び法律の定めるその他の外交文書を認証すること。
- 九　外国の大使及び公使を接受すること。
- 十　儀式を行うこと。

第八条：皇室に財産を譲り渡し、又は皇室が財産を譲り受け、若しくは賜与するには、法律で定める場合を除き、国会の承認を経なければならない。皇室典範の定めるところにより摂政を置くときは、摂政は、天皇の名で、その国事に関する行為を行う。

2　第五条及び前条第四項の規定は、摂政について準用する。

第2章　平和的生存権

第九条：日本国民は、国権の発動たる戦争と武力による威嚇又は武力の行使は、永久にこれを放棄する。自衛権はあるが自衛戦争はやらない。

2　陸海空軍その他の戦力は保持しない。自衛権はあるが交戦権を認めないので、いかなる戦争も行わない。

第九条の二：我が国の平和と独立並びに国民の安全を確保するため、内閣総理大臣を最高指揮官とする自衛隊を保持する。

2　自衛隊は、諸国と協調して国際社会の平和と安全のために災害派遣や救出支援活動を行い、そのためのあらゆる協力を惜しまない。その結果、全世界の人間が友達であることを確認する。これこそが、日本国民の生存権を保障する。

第九条の三：国は、主権と独立を守るため、諸国と協力して、領土、領海及び領空の保全に努め、日本の経済や文化が尊重されるよう、互いの協力と支援を惜しまず、有限な資源を有効に活用する。

第3章　国民の権利及び義務

第十条：日本国民たる要件は、法律でこれを定める。

第十一条：国民は、全ての基本的人権を享有する。この憲法が国民に保障する基本的人権は、侵すことのできない永久の権利である。

第十二条：この憲法が国民に保障する自由及び権利は、国民の不断の努力により、保持されなければならない。国民は、これを濫用してはならず、権利を享受するには義務が基底に

225

あることを自覚し、常に相手にも同等の権利が存することを想像できなければならない。

第十三条：全て国民は、人間としての尊厳は侵害されない。生命、自由及び幸福追求に対する国民の権利については、個人の尊重を旨とし、公益及び公の秩序に反しない限り、立法その他の国政の上で、最大限に優先される。

第十四条：全て国民は、法の下に平等であって、人種、信条、性別、障害の有無、社会的身分又は門地により、政治的、経済的又は社会的関係において、差別されない。

2　華族その他の貴族の制度は、認めない。

3　栄誉、勲章その他の栄典の授与は、現にこれを有し、又は将来これを受ける者の一代に限り、その効力を有する。

第十五条：公務員を選定し、及び罷免することは、主権の存する国民の権利である。

2　全て公務員は、全体の奉仕者であって、一部の奉仕者ではない。

3　公務員の選定を選挙により行う場合は、日本国籍を有する成年者による普通選挙の方法による。

4　選挙における投票の秘密は、侵されない。選挙人は、その選択に関し、公的にも私的にも責任を問われない。

第十六条：何人も、損害の救済、公務員の罷免、法律、命令又は規則の制定、廃止又は改正その他の事項に関し、平穏に請願をする権利を有する。

2　請願をした者は、そのためにいかなる差別待遇も受けない。

第十七条：何人も、公務員の不法行為により損害を受けたときは、法律の定めるところにより、国又は地方自治体その他の公共団体に、その賠償を求めることができる。

第十八条：何人も、その意に反すると否とにかかわらず、社会的又は経済的関係において身体を拘束されない。

2　何人も、犯罪による処罰の場合を除いては、その意に反する苦役に服させられない。

第十九条：思想及び良心の自由は、保障する。

第十九条の二：何人も、個人に関する情報を不当に取得し、保有し、又は利用してはならない。

第二十条：信教の自由は、保障する。国は、いかなる宗教団体に対しても、特権を与えてはならない。

2　何人も、宗教上の行為、祝典、儀式又は行事に参加することを強制されない。

3　国及び地方自治体その他の公共団体は、特定の宗教のための教育その他の宗教的活動をしてはならない。ただし、社会的儀礼又は習俗的行為の範囲を超えないものについては、この限りでない。

第二十一条：集会、結社及び言論、出版その他一切の表現の自由は、保障する。

2　前項の規定にかかわらず、公益及び公の秩序を害することを目的とした活動を行い、並びにそれを目的として結社をすることは、認められない。

3　検閲は、してはならない。通信の秘密は、侵してはならない。

第二十一条の二：国は、国政上の行為につき国民に説明する責務を負う。

第二十二条：何人も、居住、移転及び職業選択の自由を有する。

2　全て国民は、外国に移住し、又は国籍を離脱する自由を有する。

第二十三条：学問の自由は、保障する。

第二十四条：家族は、社会の自然かつ基礎的な単位として、尊重される。家族は、互いに助け合わなければならない。

2　婚姻は、両性の合意に基づいて成立し、夫婦が同等の権利を有することを基本として、相互の協力により、維持されなければならない。

3　家族、扶養、後見、婚姻及び離婚、財産権、相続並びに親族に関するその他の事項に関しては、法律は、個人の尊重と両性の本質的平等に立脚して、制定されなければならない。

第二十五条：全て国民は、健康で文化的な最低限度の生活を営む権利を有する。

2　国は、国民生活のあらゆる側面において、社会福祉、社会保障及び公衆衛生の向上及び増進に努めなければならない。

第二十五条の二：国は、国民と協力して、国民が良好な環境を享受することができるようにその保全に努めなければならない。

第二十五条の三：国は、国外において緊急事態が生じたときは、在外国民の保護に努めなければならない。

第二十五条の四：国は、犯罪被害者及びその家族の人権及び処遇に配慮しなければならない。

第二十六条：全て国民は、法律の定めるところにより、その能力に応じて、等しく教育を受ける権利を有する。

2　全て国民は、法律の定めるところにより、その保護する子に普通教育を受けさせる義務を負う。義務教育は、無償とする。

3　国は、教育が国の未来を切りひらく上で欠くことのできないものであることに鑑み、教育環境の整備に努めなければならない。

第二十七条：全て国民は、勤労の権利を有し、義務を負う。

2　賃金、就業時間、休息その他の勤労条件に関する基準は、法律で定める。

3　何人も、児童を酷使してはならない。

第二十八条：勤労者の団結する権利及び団体交渉その他の団体行動をする権利は、保障する。

2　公務員については、全体の奉仕者であることに鑑み、法律の定めるところにより、前項に規定する権利の全部又は一部を制限することができる。この場合においては、公務員の勤労条件を改善するため、必要な措置が講じられなければならない。

第二十九条：財産権は、保障する。

2　財産権の内容は、公益及び公の秩序に適合するように、法律で定める。この場合において、知的財産権については、国民の知的創造力の向上に資するように配慮しなければならない。

3　私有財産は、正当な補償の下に、公共のために用いることができる。

第三十条：国民は、法律の定めるところにより、納税の義務を負う。

第三十一条：何人も、法律の定める適正な手続によらなければ、その生命若しくは自由を奪

われ、又はその他の刑罰を科せられない。

第三十二条：何人も、裁判所において裁判を受ける権利を有する。

第三十三条：何人も、現行犯として逮捕される場合を除いては、裁判官が発し、かつ、理由となっている犯罪を明示する令状によらなければ、逮捕されない。

第三十四条：何人も、正当な理由がなく、若しくは理由を直ちに告げられることなく、又は直ちに弁護人に依頼する権利を与えられることなく、抑留され、又は拘禁されない。

2　拘禁された者は、拘禁の理由を直ちに本人及びその弁護人の出席する公開の法廷で示すことを求める権利を有する。

第三十五条：何人も、正当な理由に基づいて発せられ、かつ、捜索する場所及び押収する物を明示する令状によらなければ、住居その他の場所、書類及び所持品について、侵入、捜索又は押収を受けない。ただし、第三十三条の規定により逮捕される場合は、この限りでない。

2　前項本文の規定による捜索又は押収は、裁判官が発する各別の令状によって行う。

第三十六条：公務員による拷問及び残虐な刑罰は、禁止する。

第三十七条：全て刑事事件においては、被告人は、公平な裁判所の迅速な公開裁判を受ける権利を有する。

2　被告人は、全ての証人に対して審問する機会を十分に与えられる権利及び公費で自己のために強制的手続により証人を求める権利を有する。

3　被告人は、いかなる場合にも、資格を有する弁護人を依頼することができる。被告人が自らこれを依頼することができないときは、国でこれを付する。

第三十八条：何人も、自己に不利益な供述を強要されない。

2　拷問、脅迫その他の強制による自白又は不当に長く抑留され、若しくは拘禁された後の自白は、証拠とすることができない。

3　何人も、自己に不利益な唯一の証拠が本人の自白である場合には、有罪とされない。

第三十九条　何人も、実行の時に違法ではなかった行為又は既に無罪とされた行為については、刑事上の責任を問われない。同一の犯罪については、重ねて刑事上の責任を問われない。

第四十条：何人も、抑留され、又は拘禁された後、裁判の結果無罪となったときは、法律の定めるところにより、国にその補償を求めることができる。

著者紹介

山本　聡（やまもと　さとし）

1957年　新潟県長岡市生まれ
1980年　明治大学法学部卒
1983年　明治大学大学院法学研究科博士前期課程修了
2007年　国立国会図書館客員調査員
現　職　神奈川工科大学　教職教育センター　副センター長　教授

渡辺演久（わたなべ　のぶひさ）

1976年　東京都生まれ
1999年　明治大学法学部卒
2004年　明治大学大学院法学研究科博士前期課程修了
2009年　朝日大学大学院法学研究科博士後期課程単位取得満期退学
現　職　神奈川工科大学非常勤講師
　　　　第3章・第7章担当

憲法のおもしろさ－憲法に欠けているもの余計なもの［第3版］

2011年1月20日　初版第1刷発行
2013年5月1日　改訂版第1刷発行
2017年4月1日　改訂版第4刷発行
2019年4月1日　第3版第1刷発行
2024年4月25日　第3版第5刷発行

著　者　山　本　　　聡
　　　　渡　辺　演　久
発行者　木　村　慎　也

・定価はカバーに表示　　印刷　恵友社／製本　和光堂

発行所　株式会社　北樹出版

URL:http://www.hokuju.jp

〒153-0061　東京都目黒区中目黒1-2-6　電話(03)3715-1525(代表)

ⓒ Satoshi Yamamoto & Nobuhisa Watanabe 2019, Printed in Japan
ISBN 978-4-7793-0596-2

（落丁・乱丁の場合はお取り替えします）